Bitcoin

Una guía esencial para principiantes acerca de las tecnologías de inversión en bitcoin, minería y criptomoneda

Tabla de contenidos

Introducción

Este libro contiene información completa y adecuada para principiantes acerca de las tecnologías de inversión en bitcoins, minería y criptomoneda.

El Bitcoin y las criptomonedas están tomando el mundo. Piénselo; el bitcoin comenzó hace menos de 10 años y, hoy en día, es quizás la moneda más valiosa del mundo (aunque no sea ampliamente aceptada), teniendo en cuenta que un bitcoin se vende sobre los ¡$ 10 000! Muy pocas cosas pueden registrar un aumento tan masivo de precios en un tiempo tan corto. Y lo bueno de los bitcoins es que no tiene nada más que hacer una vez que los adquiere. ¡Todo lo que debe hacer es sentarse y esperar a que suban los precios! Incluso podría ganar dinero verificando y validando transacciones en lo que se conoce como minería.

¿Le gustaría simplemente sentarse y ver cómo se multiplica su dinero? Entonces invertir y comerciar en criptomonedas podría ser todo lo que necesita si miráramos al año 2017 como ejemplo. Bitcoin es una de estas criptomonedas que puede utilizar para aumentar y diversificar su cartera de inversiones, ya que se está convirtiendo cada vez más en una forma de moneda fuerte debido a su dependencia de la tecnología descentralizada inmutable, así como a su ingenio revolucionario para operar sin intermediarios o cualquier otra autoridad central.

El objetivo de esta guía es ayudarlo a comprender los conceptos básicos de la inversión en bitcoin, para que pueda aprender cómo beneficiarse de sus características únicas y protegerse cuidadosamente contra cualquier riesgo en línea. Al final, tendrá la suficiente confianza y comenzará a aprovechar este mercado completamente nuevo sin dejar de ser consciente de su futuro. Con suerte, la naturaleza del bitcoin y el valor incesante en aumento lo fascinarán más y lo inspirarán a ganar más dinero. Sin embargo, siempre recuerde que las ganancias se obtienen gracias al trabajo duro; un poco de esfuerzo le hará cosechar más.

Entendiendo la criptomoneda: una introducción a la criptomoneda y la explicación más simple de Bitcoin y la criptomoneda que jamás leerá

Una introducción a la criptomoneda

El error común que cometen la mayoría de los inversores en criptomoneda es ir directamente a la parte de la inversión, ya sea que estén leyendo sobre el tema o haciendo la inversión en sí, sin asegurarse de tener la suficiente información de base para ayudarlos en su travesía. Este capítulo sirve para que no cometa usted ese mismo error.

¿Qué es la criptomoneda?

En pocas palabras, una criptomoneda es un token en formato digital que está diseñado para funcionar como un medio de intercambio o como un método de mantenimiento de registros. Utiliza algoritmos criptográficos para asegurar y verificar las transacciones a través de su red y tener en control las creaciones de nuevos tokens.

Bitcoin es un tipo de criptomoneda, es decir, una forma de moneda digital descentralizada (bajo la categoría de criptomonedas) que se crea y mantiene electrónicamente. A diferencia de otras monedas, que son emitidas por el gobierno, bitcoin funciona sin ningún repositorio central o un solo administrador. En cambio, opera con una tecnología de criptografía para asegurar varias transacciones, así como para controlar la creación de unidades adicionales y verificar la transferencia de diversos activos.

¿Cómo funciona el Bitcoin, y así mismo, la mayoría de las criptomonedas?

Bitcoin emplea transacciones de punto a punto en las que no hay ninguna institución financiera o intermediario involucrado. Los registros de cada transacción se verifican criptográficamente por otros "nodos" en la red. Lo que sigue es que esas transacciones se combinan en un "bloque" y se agregan al libro de contabilidad de la criptomoneda. Esto también es conocido como el "blockchain".

El blockchain mantendrá los detalles de cada transacción en la red, y como este blockchain se mantiene simultáneamente en distintos nodos en toda la red del blockchain, es imposible cambiarla, censurarla, trocearla o interrumpirla de cualquier manera. Los nodos de la red, denominados "mineros", cobrarán una pequeña tarifa por cada transacción. Esta tarifa funciona como un incentivo para tener la red disponible en línea.

El efecto Sigan-al-líder del Bitcoin:

El lanzamiento de Bitcoin en 2009 abrió la puerta a cientos de nuevas criptomonedas para que se crearan e introdujeran en el mercado. Todas ellas tienden a servir su propio propósito individual. Después del Bitcoin, Ethereum es la plataforma más exitosa.

Ethereum le permite adjuntar "contratos inteligentes" a sus transacciones, que se ejecutan sin la posibilidad de censura, tiempo de inactividad, fraude o interferencia de terceros. Casi todas las demás criptomonedas creadas han tomado prestado el concepto del Bitcoin o el Ethereum. Lo que hacen los creadores es que buscan mejorarlas a ellas y también a las características agregadas a sus bases de código.

Algunas de las "monedas alternas" están más orientadas a la privacidad que cualquier otra cosa, mientras que otras ignoran en gran medida esta característica y se centran totalmente en la velocidad de la transacción. Comúnmente en estos días, muchas de las monedas que se lanzan se usan para financiar proyectos, en lugar de que el propietario del proyecto tenga que buscar capital de riesgo.

La explicación más simple para el Bitcoin y la Criptomoneda que jamás leerá

Puede estar leyendo este libro porque Bitcoin, o alguna otra criptomoneda, ha despertado su interés hasta el punto en que sentía la necesidad de aprender más sobre él. Más aún, puede que esté aquí porque le ha costado entender cómo funciona la criptomoneda. Incluso podría ser que la primera parte de este capítulo haya hecho muy poco para ayudarlo a comprender la criptomoneda. Quiere entrar en el juego, pero ¿cómo puede hacerlo si su conocimiento sobre él es escaso? ¿Es el bitcoin válido? ¿Se puede confiar en el sistema digital? Una cosa es que alguien coloque dinero en sus manos y, siempre que lo tenga, es suyo y no está en manos de nadie más. Pero, ¿es la moneda digital tan sencilla? ¿Se pueden hacer copias? Puede que usted tenga un millón de esas preguntas rondándole la cabeza. Al final de este capítulo, ya no las tendrá.

Este capítulo requerirá un poco de imaginación básica; sin embargo, nada demasiado complicado.

La manzana

Usted y yo nos encontramos sentados en un banco del parque, con algunas alondras cantando sobre nosotros. Es un día adorable. Tengo una manzana en la mano. Estiro mi brazo y le doy esa manzana. Ahora usted tiene mi manzana y, como consecuencia, no tengo manzanas. Esto fue muy simple, ¿verdad?

Examinemos exactamente lo que sucedió:

Pongo mi manzana físicamente en su mano. Usted y yo sabemos qué sucedió, ya que ambos estábamos allí. Tocó la manzana; tal vez esperó hasta que me hubiera ido para poder comérsela toda solo. Puede recordar su sabor. Todo esto es prueba suficiente de que le di mi manzana. No necesitábamos un tercero presente para ayudarnos a hacer posible la transferencia.

¿Podría darle una manzana ahora? Claro que podría, pero tendría que ser otra manzana. No puedo darle la misma manzana porque ya se la di al principio. Ya no tengo control sobre esa manzana, ya que dejó mi posesión por completo. Suponiendo que no se la coma, puede dársela a un amigo si así lo desea, y luego su amigo puede dársela a otro amigo y así sucesivamente.

Así es como se ve un intercambio en persona que involucra bienes convencionales. Realmente es lo mismo si elijo darle un plátano o si prefiero conservar mis frutas y darle un billete de $ 5 o tal vez un libro sobre cómo injertar manzanas.

La manzana "digital"

Digamos que tengo una manzana digital y deseo dársela. Aquí tiene, tenga esta manzana digital y haga con ella lo que quiera. Pero es difícil negar que, a diferencia de nuestro primer escenario con la manzana física, las cosas se ponen muy interesantes aquí.

¿Cómo puede saber que la manzana digital que solía estar en mi poder ahora es suya y solo suya? Piense en esto por un segundo. Esto seguramente es más complicado, ¿verdad? ¿Cómo puede saber que no se lo envié a mi tío John como un archivo adjunto de correo electrónico antes de dárselo a usted o a su amiga Lisa?

Tal vez, hice tres copias de esa manzana digital en mi computadora portátil para guardarlas. Tal vez la puse en mi blog y todos mis 32,400 suscriptores tuvieron la oportunidad de descargarla de forma gratuita.

Como se puede ver, el intercambio digital presenta algunos problemas. Enviar artículos digitales no es realmente lo mismo que enviar artículos físicos. Algunos científicos de software incluso han encontrado un nombre para este problema: "problema de doble gasto". Sin embargo, no tiene que preocuparle más. Intentemos idear una solución aquí hasta llegar al sistema del Bitcoin.

El libro mayor

Quizás, lo que hay que hacer es tener estas manzanas digitales rastreadas en un libro mayor. Un libro mayor es básicamente un libro que se usa para rastrear cada transacción. Es un libro de contabilidad para los registros de transacciones.

Nuestro libro mayor, ya que es digital, necesita vivir en el mundo digital y tener una persona que entienda este mundo a su cargo. Esto es como World of Warcraft, el juego. La empresa de desarrollo del juego, Blizzard, tiene un "libro mayor digital" de cada espada y palo en su sistema. Por lo tanto, es posible que alguien con ese conocimiento rastree nuestras manzanas digitales, ¿no es cierto? ¡Finalmente hemos progresado y resuelto nuestro problema!

Más problemas

Aún no hemos solucionado todo. Tenemos un pequeño problema en nuestras manos:

1.   ¿Qué pasaría si algún otro compañero en Blizzard creara su propio alijo de manzanas digitales en secreto? Él podría simplemente sumergirse en su colección ilegal y agregarlos para equilibrar las cosas cuando lo desee.

2.   No es exactamente lo mismo que cuando usted y yo nos sentamos en el banco del parque ese día y le entregué mi manzana. Ir a través de nuestro equipo de rastreo del libro mayor digital, en nuestro caso el hipotético Blizzard, es como establecer un palacio de justicia, con todas las reglas de la corte, como el tipo de "usted es inocente hasta que se demuestre su culpabilidad", que ha visto a

asesinos andar libres e ignorando al juez y al jurado. Básicamente, lo que tienes es una jungla, una jungla civilizada, pero igual una jungla.

¿Cómo puedo simplemente entregarle la manzana digital de la manera habitual?

¿Existe alguna manera en que podamos realmente replicar nuestra transacción digitalmente para que se parezca a nuestra situación en el banco del parque?

La solución

¿Y si le damos este libro de contabilidad a cada uno? En lugar de que este libro mayor se encuentre en la computadora de Blizzard y no esté disponible para otras partes, permanecerá en las computadoras de todos. Cada transacción de manzanas digitales que ocurra, incluida la nuestra, se registrará en este libro mayor que todos tienen.

Es imposible engañarlo. ¿Cómo puedo enviarle manzanas digitales que no poseo sabiendo muy bien que no se sincronizaría con todas las otras partes en el sistema? Es un sistema increíblemente difícil de vencer. Sería aún más difícil de superar si se hiciera grande. Si se volviera global, sería realmente imposible vencerlo.

Adicionalmente, no estaría controlado por una sola persona. Por lo tanto, sé que incluso si quisiera engañar al sistema y agregar manzanas digitales a mi cuenta que no tengo, no puedo hacerlo porque mis esfuerzos no valdrían nada. Las reglas del sistema, que se definieron al principio, se asegurarán que esto sea así.

Y aún más, las reglas y el código son de código abierto, un poco como el software que usa en su teléfono Android. Cualquiera puede acceder y descargarlo en Google Play store. También puede pensar que las reglas y el código son como Wikipedia: está ahí para que las personas inteligentes lo protejan, lo mantengan, lo mejoren y lo revisen de vez en cuando.

Si así lo quisiera, usted también podría participar en esta red. Podría participar en la actualización de este libro mayor y asegurarse de que todo se verifique. No es difícil sentirse motivado para hacerlo, especialmente si está invertido en el sistema. Para su tiempo, podría obtener, digamos, 24 manzanas como recompensa. De hecho, esta es la única forma de crear más manzanas en el sistema. Esto es lo que los entusiastas de la criptomoneda denominan minería. De lo contrario, solo tiene que buscar a alguien que esté dispuesto a venderle algunas digitales.

Tenga en cuenta que esta es una analogía muy simplificada. Sin embargo, no se ha pasado nada por alto: así es exactamente cómo funciona el sistema y, de hecho, es un sistema real implementado. En el Bitcoin, se le conoce como el protocolo del Bitcoin. ¿Ve usted todas esas manzanas digitales de las que hemos estado hablando? Estos son el Bitcoin, u otra criptomoneda con la que podría tener el interés de involucrarse.

¿Qué permite el libro mayor público?

1.   Es un código abierto, como puede recordar. El número total de manzanas digitales, o Bitcoin, se definió en el libro público al principio. Usted y yo sabemos la cantidad exacta en existencia. Dentro de este sistema, sabemos que estas manzanas digitales son limitadas y que el número total no cambiará.

2.   Cuando intercambiamos y le entrego la manzana digital, o Bitcoin, a usted, tengo por seguro que la manzana digital dejó mi posesión certificable. El libro de contabilidad en la computadora de todo el mundo lo confirmará, ya que la información de la transacción será actualizada y verificada por el libro de contabilidad.

3.   Dado que el libro de contabilidad es de propiedad pública, no necesitaba de mi tío John, que trabajó como juez en algún momento de su vida, para asegurarme de no hacer trampas o fabricar algunas copias adicionales para que yo las guardara. Con respecto al Bitcoin, no necesito que el banco o el gobierno pongan su sello de validez en nuestra transacción. La tercera parte no tiene uso.

Por lo tanto, dentro de este sistema, el intercambio de la manzana digital es ahora como el de una física. Ahora es tan sencillo como ver a una manzana física abandonar mi mano y aparecer en la suya. Al igual que en el banco del parque, el intercambio solo involucró a usted y a mí. No necesitamos a mi tío John, ni al banco / gobierno, para certificar su validez.

Para decirlo en pocas palabras, ahora se comporta como lo haría un objeto físico y, sin embargo, sigue siendo tan digital como siempre. Podemos vender 1000 manzanas si nos apetece, siempre y cuando tenga las manzanas en mi poder y haya tenido suficiente para comerciarlas. Incluso podríamos hacerles un millón de manzanas digitales o 0,001 manzanas, siempre que las matemáticas se verifiquen. Puedo enviarle la manzana con un solo clic, y podría ponerla en su monedero digital, incluso si estuviera en Somalia y usted en Washington DC.

Así es exactamente cómo funciona la criptomoneda, donde el Bitcoin es el líder claro aquí.

Vamos a llevar la discusión un poco más lejos.

Definición de términos

Este capítulo está basado en el capítulo anterior y es vital porque le ayudará a comprender mejor el resto de los contenidos de este libro. Verá, aquí se usarán muchos términos, y si es nuevo en el mundo de la criptomoneda, todo puede volverse bastante confuso. Este capítulo le ayudará a comprender los diversos términos de la criptomoneda y, lo que es más importante, el contexto en el que se utilizan.

Sin más preámbulos, entendamos algunos términos utilizados en las criptomonedas.

Nota: Para fines ilustrativos, usaremos una conversación entre dos personas para ayudarlo a comprender el contexto en el que se pueden usar los diferentes términos.

Criptomoneda

Ilustración:

Kevin: "Joe, mi buen amigo, he estado intercambiando criptomonedas desde hace un tiempo. Es genial para hacer algo de dinero adicional".

Joe: "¿Qué quieres decir con criptomonedas, Kevin? ¿Qué es eso? ¿Quizás te refieres a forex?

Kevin: "No Joe, me refiero a Bitcoin y otras monedas".

Dirección

Esto se puede describir como un código para enviar, almacenar, recibir Bitcoins y otras monedas criptográficas. Consta de entre 26 y 35 caracteres. También podría decir que es la clave pública utilizada por los titulares de la criptomoneda para firmar transacciones digitalmente.

Ejemplo de una dirección:
175tWpbnb8K1S7NmmsH4Zx6rkiewF9WQrcZv245W

Ilustración:

Kevin: "Dime, Joe, ¿cuál es tu dirección para que pueda enviarte un poco de Bitcoin?

Joe: "Es la calle 93 de Almería".

Kevin: "No Joe, ¡vamos! No estoy pidiendo tu dirección de casa. ¡Me refiero a tu Bitcoin uno! Y, por cierto, ¡asegúrate de darme la dirección correcta o tus monedas se perderán!

Joe: Oh, sí disculpa. Es
175tWpbnb8K1S7NmmsH4Zx6rkiewF9WQrcZv245W

Altcoin – Monedas alternativas

Este es el nombre aceptado por la comunidad para cualquier moneda diferente al Bitcoin. Los Altcoins incluyen Ethereum, Monero, Dodgecoin y Dash.

Ejemplo: Steem, Litecoin, Ethereum y Dogecoin.

Ilustración:

Kevin: Joe, ¿conseguiste comprar algunos buenos altcoins?

Joe: Oh, ¡de hecho lo hice, Bob! ¡Compré un poco de Litecoin, un poco de Dogecoin y un montón de POTcoin! Te digo que hoy tenía la suerte de mi lado.

Block - Bloque

Estas son esencialmente las páginas en un libro de contabilidad o libro mayor. Los bloques son aquellos archivos en los que los datos no se pueden modificar, que están relacionados con la red, y se almacenan permanentemente. Dado que estos datos no se pueden eliminar ni interrumpir de ninguna manera, estarán disponibles para siempre.

Blockchain

Básicamente, esta es una lista completa de todos los bloques que se han extraído desde la creación de Bitcoin u otra criptomoneda relevante.

Block reward – Recompensa de bloque

Esto se refiere a la recompensa que se obtiene por el hashing, es decir, la resolución de la ecuación matemática, que está relacionada con un bloque en particular. Por ejemplo, se otorgan 25 bitcoins por cada bloque extraído. Esto generalmente se reduce a la mitad por cada 210,000 bloques.

Ilustración:

Kevin: "¡Estoy ganando casi $ 3 al día minando Dogecoin y Litecoin!"

Joe: "Hermano, necesitas actualizar tus contratos de minería. ¡Estoy haciendo al menos 15 veces esa cantidad en Ethereum! "

Dificultad minera

Este término apunta a un número. Este número determinará lo difícil que es hacer un bloque nuevo. Es relativo al número máximo permitido en una determinada porción numérica del hash de un bloque. Cuanto más bajo sea este número, más difícil será producir un valor hash que se ajuste a él.

Hash

Este es un proceso matemático, que toma una cantidad de datos variables y produce salidas más cortas y de longitud fija.

DDoS

Este es un ataque de "denegación de servicio distribuido". Utiliza una gran cantidad de computadoras que el atacante tiene bajo su control para drenar los recursos de un objetivo centralizado.

Joe: "Oye, Kevin ¡No puedo sacar mis monedas de Coinbase y el valor está bajando rápidamente!"

Kevin: Eso es probablemente porque alguien le ha hecho un ataque DDoS. Joe, es por eso que es vital que guardes tus monedas en un monedero seguro".

Transacción de polvo

Esto se refiere a una transacción que involucra una cantidad muy pequeña de Bitcoin, que ofrece un bajo valor financiero, pero ocupa el mismo espacio en la cadena de bloques.

Ejemplo: Un "Satoshi" de Bitcoin

Ilustración:

Joe: "Kevin, ¡el Bitcoin está demasiado caro para comprar!"

Kevin: "No tienes que comprar un Bitcoin entero, amigo mío. En vez de eso, compra unos cuantos "Satoshis".

Depósito

Este es el acto de mantener activos o fondos en una cuenta de terceros para protegerlos en caso de una transacción anónima.

Fíat - Moneda fiduciaria

Esto se refiere a cualquier forma de papel moneda físico regulado y centralizado.

Ilustración:

Kevin: "Joe, espero que hayas estado cambiando tu Fiat por Bitcoin".

Joe: "Kevin, preferiría ahorcarme antes que manejar un Fiat".

Kevin: "Que cómico eres, Joe. Me refería a la moneda Fiat, no a Fiat como el modelo de automóvil.

FOMO

Esto significa "Miedo a perder", por sus siglas en inglés "Fear of missing out - FOMO". Es posible que el FOMO lo haya obligado a buscar este libro y a leerlo, lo cual es bueno.

FUD - MID

"Fear, Uncertainty, Doubt." - "Miedo, Incertidumbre, Duda"

Bifurcaciones

Esta es una divergencia permanente de una visión operativa alternativa del blockchain actual. Las bifurcaciones empezarán cuando ocurra un error en el programa o, más comúnmente, entrarán en juego un nuevo conjunto de reglas. Esto sucederá cuando un equipo de desarrolladores cree y luego inserte cambios que son notablemente importantes en el sistema.

En pocas palabras, esto es una alteración de la estructura de bloque de Bitcoin u otra criptomoneda, que tiene un efecto en las reglas de dificultad.

ICO

Esta es una "Oferta de Moneda Inicial". Esto se usa a menudo como una forma para que los nuevos proyectos de criptomonedas recauden dinero para el proyecto al ofrecer una cierta cantidad de monedas para vender al público al precio base.

Ilustración:

Joe: "Dime Kevin, ¿por qué mi token BNT vale mucho menos de lo que la compré en ICO?"

Kevin: "Joe, cometiste el error de comprar con esa publicidad. Nunca cometas el error de comprar basado en publicidad".

Minería

Esta es la acción de generar un nuevo Bitcoin mediante la resolución de problemas criptográficos a través de hardware informático.

Bombear y tirar

Esto se refiere a exagerar el valor de un activo financiero, dado que puede haber sido adquirido o producido a bajo precio a través de publicidad agresiva y declaraciones que en su mayoría son engañosas.

Ilustración:

Joe: "Que te digo Kevin, ¡Parkbyte está apuntando a la luna! ¡Cómpralo lo antes posible!

Kevin: "Joe, esto es lo que llamamos un bombear y tirar. Todo es una tontería. Me mantendría alejado si fuera tú".

Prueba de trabajo

Este es un sistema que vincula su capacidad de minería a su poder de cómputo.

Prueba de inversión

Este sistema utiliza su inversión existente para calcular la cantidad de moneda que puede minar.

Acortar

Esta es la acción de vender criptomonedas con la esperanza de volverla a comprar a un precio más barato y obtener ganancias.

Ilustración:

Joe: "Kevin, acabo de acortar mi Bitcoin a $ 2700. Estaré nadando en efectivo cuando caiga a $ 2000, como se espera que ocurra".

Kevin: "Oh, Joe, qué tonto eres. ¿Has revisado los precios en este momento? ¡Se disparó a $ 10,000! ¡Soy un hombre rico!

Monedero

Esta es una dirección física o digital donde se puede enviar, almacenar o recibir la criptomoneda. Es accesible utilizando una clave privada.

Ballena

Este es alguien que está en posesión de un porcentaje mayoritario de una criptomoneda.

Un buen ejemplo de un par de ballenas son los **Gemelos Winklevoss**.

Lo siguiente que cubriremos es la tecnología blockchain; la plataforma sobre la que operan las criptomonedas y acreditan su validez.

Tecnología blockchain

Encontrará el término "blockchain" muchas veces en lo que respecta a las criptomonedas, tanto en este libro como en cualquier otra fuente de información que lea. Por lo tanto, es importante que entienda qué es la tecnología blockchain y cómo funciona. Aquí, comprenderá de qué se trata la tecnología blockchain, así como las reglas que la gobiernan.

¿Qué es un blockchain?

Este es un libro público descentralizado y digitalizado de cada transacción de criptomoneda. Un blockchain crece constantemente a medida que más y más bloques "resueltos" se registran cronológicamente y se agregan a la cadena. Esto permite a los participantes del mercado monitorear las transacciones de monedas sin la necesidad de un método central de registro (piense en la situación que tiene en los bancos, por ejemplo). ¿Recuerda nuestra analogía con las manzanas en el capítulo 1 y que el público mantenga un registro de las manzanas digitales?

Cada nodo, es decir, cada computadora que es parte del sistema, descarga automáticamente una copia del blockchain completo. El blockchain constituye nuestro libro de contabilidad.

Diseccionando el "Blockchain"

Un "bloque" es la "parte" del blockchain actual. Registra algunas o todas las transacciones más recientes. Una vez completado esto, se genera un nuevo bloque. Un blockchain tiene un número infinito de bloques que están conectados entre sí, de la misma manera que varios enlaces se conectan generalmente en una cadena, en un orden correctamente cronológico y lineal.

Cada bloque tiene un hash del bloque anterior. El blockchain tendrá información completa sobre las diferentes direcciones de los usuarios y sus balances, desde el bloque de la génesis hasta el más reciente.

El blockchain fue diseñado para que las transacciones no puedan ser eliminadas. De hecho, los bloques se agregan a través de la criptografía, asegurándose de que permanezcan en una condición a prueba de cambios. Los datos pueden ser distribuidos, pero no pueden ser copiados.

El bitcoin y blockchains

El blockchain es, indiscutiblemente, la mayor innovación tecnológica del Bitcoin. Como ya se ha mencionado varias veces, el Bitcoin no está sujeto a ninguna regulación por una autoridad centralizada. Más bien, los usuarios del Bitcoin dictan y validan transacciones cuando una parte paga a la otra parte por bienes y servicios, eliminando efectivamente la necesidad de que una tercera parte procese y almacene los pagos. La transacción completada se registra públicamente en bloques y, finalmente, en el blockchain. Aquí, es verificado y luego retransmitido por otros usuarios del Bitcoin. En promedio, se agrega un nuevo bloque al blockchain aproximadamente cada 10 minutos por medio de la minería.

Extensiones de blockchain en el mundo real

Permítame usar un ejemplo de lo que sucede en la banca para explicar esto. Puede pensar en el blockchain como un historial completo de las transacciones financieras de una institución financiera. Cada bloque es como un extracto bancario individual. Pero como se trata de un sistema de base de datos distribuida que sirve como un libro electrónico abierto, el blockchain simplifica enormemente las operaciones comerciales para todas las partes. Por estas mismas razones, esta tecnología se ha vuelto muy atractiva no solo para las bolsas de valores y las instituciones financieras, sino también para muchos otros campos que se eliminan de la escena financiera, como la música. Los defensores también han sugerido que este tipo de sistema de registro electrónico puede ser muy útil si se aplica a los sistemas de votación, registro de vehículos y armas por parte de gobiernos, registros médicos e incluso en la confirmación de la propiedad de objetos de valor como las antigüedades.

Comparación entre la moneda digital y la moneda fiduciaria

El siguiente paso es comparar las monedas digitales y fiduciarias. ¿Cómo se compara la moneda digital con la moneda fiduciaria (tradicional)? Aparte del conocimiento obvio de que la moneda digital tiene solo valor de cambio (lo que significa que solo tiene valor cuando alguien más está dispuesto a pagar por él y, por lo tanto, no tiene valor de uso), ¿cuáles son las características sapientes de una moneda digital como el Bitcoin y cómo funciona? ¿Cómo se comporta frente a la moneda tradicional?

La moneda digital, a diferencia de la moneda fiduciaria, no está vinculada a ninguna institución o país

En muchos sentidos, la moneda digital como el Bitcoin es muy similar a la moneda tradicional. Tiene valor, puede usarse para comprar cosas y su valor depende de los cambios en diversas variables de mercado. Por ejemplo, ¡los recientes aumentos rápidos en la demanda de Bitcoins en el último año han incrementado su precio hasta un máximo histórico de $ 9,000!

Sin embargo, a diferencia de la moneda tradicional, la moneda digital no está vinculada a ninguna institución o país. Como tal, no está sujeta a autoridades como bancos y gobiernos, y no tienen control sobre ella.

La moneda digital se basa en la completa simplicidad, una moneda fiduciaria ideal parece estar huyendo de eso

Puede que no lo parezca al principio, especialmente debido a la base tecnológica de las monedas digitales, pero se basan en un ideal muy simple: personas de todas partes del mundo, de cualquier país o clase, deben poder intercambiar productos, créditos y servicios de forma libre, fácil e instantánea, sin necesidad de organismos intermediarios como bancos, pasarelas de pago y cuentas mercantiles. De esta manera, realmente es una transformación a una forma de comercio más pura en la que intercambió lo que tenía cuando pudo, sin tantos muros de por medio.

Puede que se esté preguntando, "¿pero no complica esta simplicidad la plataforma basada en tecnología y la confianza en Internet?" Piense en esto, sin embargo. ¿De qué otra manera se lograría ese alcance global si el Internet y la tecnología estuvieran fuera de la ecuación? Internet es la plataforma más sencilla y práctica disponible.

La moneda digital tiene paralelos con el oro, algo de lo que la moneda fiduciaria no puede presumir

Con el oro, cuanto más se mina, menos queda y, como resultado, más aumenta su valor. Los principios inmutables que gobiernan el Bitcoin son similares. La tecnología del Bitcoin solo puede producir una cierta cantidad de Bitcoin. Por lo tanto, mientras más Bitcoins se produzcan, más difícil será crear nuevos. Es por eso que decimos "minería de bitcoin". Por otra parte, el dinero fiduciario no tiene unos principios tan claros gobernándolo, por lo que los gobiernos son capaces de seguir imprimiendo más y más, lo que inevitablemente lleva a la caída de su valor.

Tras familiarizarse con el Bitcoin, puede comenzar a invertir en él. Esta es la única oportunidad que tiene para probar el conocimiento que ha obtenido hasta ahora. Entonces, en el siguiente capítulo, estaremos adentrándonos en las dificultades para invertir en bitcoin y ayudarlo a comenzar con su inversión.

Invirtiendo en Bitcoin

Esta guía reconoce que bitcoin sigue siendo una de las muchas criptomonedas de moda que puede elegir como su vehículo de inversión. Es importante tener en cuenta que bitcoin posee un gran potencial para actualizar los muchos cuentos de hadas con el tema 'de la pobreza a la riqueza', pero sigue siendo impredecible, principalmente debido a su volatilidad. Entonces, como principiante, es prudente considerar invertir solo esa cantidad de dinero que está listo para arriesgarse a perder.

Recuerde, a medida que envejece, sus responsabilidades financieras aumentan. Por lo tanto, las siguientes pautas lo ayudarán a evitar pasar por cualquier tormento emocional, en caso de que su inversión en bitcoin no funcione como pensaba:

- Si tiene más de 40 años, entonces dirija el 10% de sus inversiones a bitcoin, mientras que el 70% aún debería destinarse a las formas tradicionales de inversión.

- Si tiene entre 30 y 40 años, considere invertir un 20% en bitcoin, mientras que los otros métodos de inversión tradicionales toman el 60% restante.

- Pero si tiene menos de 30 años, dejar que hasta un 30% de sus inversiones sean en forma de bitcoin no será una mala idea.

Las pautas anteriores no deben tomarse como tal. Puede diversificar sus monedas tanto como pueda, dependiendo de su nivel de tolerancia al riesgo.

Con eso en mente, comencemos con la inversión en bitcoins.

Empezando

Comenzar con Bitcoin es bastante fácil, incluso para un principiante. Simplemente descargue la aplicación o use la aplicación web para comenzar a comerciar con bitcoin. Una vez que inicie sesión en la red de bitcoin, encontrará 3 aplicaciones principales del software cliente de bitcoin. Si está lo suficientemente interesado, también notará que existe otra implementación, que se conoce como el "Cliente Satoshi" o una "implementación de referencia". El Cliente Satoshi se deriva de la aplicación original creada por Satoshi Nakamoto y, normalmente, es administrado por un equipo de desarrolladores como proyecto de código abierto.

A continuación, se muestran las tres formas principales de clientes que encontrará en la red de bitcoin:

- Un cliente web: puede acceder a un cliente web a través de un navegador web. La característica más sorprendente de esta implementación es que tendrá que almacenar su monedero en un servidor que es propiedad y está controlado por un tercero. Un cliente web funciona de una manera similar a su correo web, porque depende completamente de un servidor de un tercero.

- Cliente ligero: con esta implementación, tendrá la oportunidad de almacenar su monedero, aunque seguirá dependiendo de un servidor que sea propiedad de un tercero para obtener acceso a la red y las transacciones de bitcoin. El cliente light no almacena una copia completa de todas las transacciones. Y ahí es donde los servidores de terceros son útiles, ya que llevan a cabo todo el proceso de validación de todas las transacciones. Puede comparar esto con un cliente de correo electrónico independiente que debe estar conectado a un servidor de correo para poder acceder al buzón. En este caso, el cliente ligero depende de un tercero para interactuar con la red.

- Cliente completo: esto también se llama un nodo completo. Si usted tiene este tipo de cliente, puede almacenar el historial completo de las transacciones de bitcoin e iniciar transacciones directamente en la red de bitcoin mientras administra sus carteras. Esto funciona de la misma manera que un servidor de correo electrónico independiente porque tiene el potencial de llevar a cabo todos los aspectos del protocolo sin la asistencia de servicios de terceros u otros servidores.

Su elección del cliente de bitcoin dependerá únicamente de la cantidad de control que desee sobre sus fondos. Operar una cuenta de cliente completa le dará el mayor nivel de independencia y control. Sin embargo, tendrá que encontrar mecanismos efectivos para respaldar sus transacciones y asegurar sus fondos. Por otro lado, si desea una forma más fácil de configurar una cuenta y realizar transacciones sin preocuparse por sus problemas de administración y operación, entonces opte por un cliente web. Pero debe saber que un cliente web abre sus transacciones y fondos a riesgos de la contraparte porque eventualmente tendrá que compartir la seguridad y el control con el propietario del servicio web. Esto significa que, si la cartera del servicio web se ve comprometida, como ha sido reportado en muchas ocasiones, correrá el riesgo de perder todos sus fondos.

Tenga en cuenta que aún puede realizar transacciones en la red de bitcoin como un cliente completo utilizando un teléfono inteligente, especialmente si su teléfono utiliza el sistema Android. Como cliente móvil, puede incluso sincronizarse con un cliente web o de escritorio, y obtener un monedero multiplataforma que se administre en múltiples dispositivos informáticos, aun conservando una fuente común de fondos.

Tener un conocimiento profundo de las diversas formas de clientes de bitcoin le permitirá evaluar la viabilidad a largo plazo de su opción preferida y determinar si tiene la capacidad para ejecutarlo y administrarlo. Una vez que haya hecho una elección, nada debería impedirle seguir adelante e invertir en Bitcoin.

Pasos para invertir en Bitcoin

La naturaleza descentralizada del bitcoin hace que sea más fácil para usted comenzar a operar. La tecnología continúa evolucionando para hacer que su comercio sea más seguro y más placentero, de modo que esencialmente pueda realizar transacciones desde cualquier rincón del mundo y obtener más beneficios. Así mismo, puede seguir los pasos a continuación para comenzar a operar en la red de bitcoin:

Paso 1: Crear un monedero de Bitcoin

En este paso, debe registrarse para obtener un monedero de bitcoin. Un monedero de bitcoin es una cuenta digital que le permitirá realizar cualquier transacción en la red de bitcoin. Con este monedero, usted puede comprar, almacenar y vender sus bitcoins fácilmente. Su monedero simplemente actúa como una cuenta de cheque universal normal que puede usar para acceder a la red de bitcoin. Sin embargo, abrir un monedero de bitcoin es más fácil y lleva muy pocos minutos, a diferencia de cuando se desea abrir una cuenta de cheques. Puede inscribirse en un monedero de la siguiente manera:

- Tenga en cuenta que existen 2 tipos de monederos: monedero web y monedero de software. Un monedero web que es manejado por un tercero, y un monedero de software que se refiere al tipo de monedero que tendrá que instalar en su propio dispositivo móvil o computadora. Con un monedero de software, usted obtiene el control total de sus fondos, aunque puede que le resulte difícil instalar y mantener dicho monedero.

El mercado tiene una variedad de monederos para elegir. Pero recuerde, su intención es invertir fondos en bitcoin. Por lo tanto, haga todo lo posible para elegir el monedero de bitcoin correcto. Si se toma este problema a la ligera, corre el riesgo de perder sus fondos. Puede considerar los siguientes puntos antes de elegir un monedero:

✓ Seguridad del monedero: este es un punto crítico que no debe pasar por alto, especialmente si opta por un monedero web. ¿Comprobar el sitio web y determinar si tiene HTTP o HTTPS? En la mayoría de los casos, HTTPS representa un protocolo seguro. Además, ¿el monedero ofrece inicios de sesión que son seguros y fuertes? ¿O proporciona un 2FA (autenticación de dos factores)?

✓ Averigüe si el monedero tiene buena reputación o no: ¿no está en busca del mejor monedero? Entonces, vaya a los foros de Internet, como Bitcoin Fórum o Bitcoin Reddit, y lea opiniones y percepciones de personas sobre el monedero. Puede ir más allá y preguntar a sus compañeros si alguna vez han usado ese monedero y cuál fue su experiencia.

✓ Cómo realizar una copia de seguridad de su monedero: ¿el proveedor del monedero le ofrece opciones de copia de seguridad? ¿La copia de seguridad contiene cifrado de datos? ¿Existe un proceso de restauración de copia de seguridad? ¿Es este proceso de restauración fácil de usar? Asegúrese de obtener las respuestas correctas a estas preguntas antes de comenzar a cargar su monedero con bitcoins.

✓ La experiencia de usuario con el monedero: el monedero debe ser fácil de usar. Asegúrese de que sea lo más simple posible y que no requiera mucha experiencia para que lo pueda usar cómodamente. A veces, su uso previsto de los bitcoins determinará el tipo de monedero que puede necesitar. Por ejemplo, puede descubrir que hay un monedero que es más adecuado para dispositivos móviles, que puede funcionar bien para un principiante. Pero, a medida que se convierte en un usuario avanzado, la mejor alternativa es descargar un cliente de bitcoin completo en su computadora personal. Además, sería una mejor idea almacenar su bitcoin fuera de línea utilizando dispositivos de hardware como monedero, si desea utilizar un enfoque más sólido.

✓ Anonimato: algunos proveedores de monederos pueden pedirle que se registre antes de realizar las transacciones, mientras que otros aceptan información de registro mínima. También puede encontrar casos en los que deba someterse a procesos de verificación de usuarios, como los procesos "Conozca a su cliente" o "Know Your Costumer" por sus siglas en Ingles KYC, etc. Estos son algunos de los temas que debe tener en cuenta, especialmente si el anonimato es un tema importante para usted.

✓ Transparencia: averigüe si el proveedor del monedero es lo más transparente posible. ¿Puede usted saber quiénes son y cómo funcionan? ¿Qué tal es el código del monedero? ¿es de código abierto? Recuerde, las revisiones de puntos y las comprobaciones de vulnerabilidad pueden realizarse fácilmente en un código de fuente abierta. Además, el código fuente debe mantenerse actualizado. Si alguno de los problemas anteriores no se responde de manera satisfactoria, entonces no puede estar seguro de que su proveedor de monedero esté comprometido a proteger sus bitcoins. Además, ¡no querrá arriesgarse a quedarse mirando cómo el agente cambiario se lleva sus fondos! Por lo tanto, asegúrese de que sea lo más fiable posible.

✓ ¿Es la reutilización de la dirección promovida por la dirección? En pocas palabras, averigüe si el monedero es determinante jerárquico o "Hierarchical Deterministic" por sus siglas en inglés HD o no. Recuerde, los monederos HD emplean el uso constante de nuevas direcciones de bitcoin, una característica que mejora la privacidad del usuario. A medida que comience a utilizar monederos, se dará cuenta de que la privacidad del usuario sigue siendo un problema importante que afecta a muchos usuarios de la red de bitcoins. Por lo tanto, un monedero determinista tiene una arquitectura bien redondeada que mejora la protección del usuario.

✓ ¿Es usted dueño de sus bitcoins? Su proveedor de monedero debe permitirle acceder a las claves privadas de su monedero de bitcoin. Una clave privada de bitcoin se refiere a una clave (al igual que la clave física) que normalmente tiene un número de 256 bits y puede permitirle acceder a sus bitcoins. Un ejemplo de una clave privada podría ser 16qy2iLQ7d4MiEkKWYau6mfRNHUGZ3NzHz. La forma más segura de tener control sobre su bitcoin es poseer la clave privada de su monedero. Con la clave privada, también puede hacer una copia de seguridad de su monedero de otras formas que no sea con el servicio de monedero.

✓ El monedero debe tener una opción de firma múltiple ("Multisig"): esta opción es una medida de seguridad adicional que le ayuda a proteger su bitcoin de atacantes y robo. Con la función "Multisig", una transacción de bitcoin requerirá más de una clave para autorizarla y validarla. Esto significa que se deben consultar más partes antes de que se puedan gastar los fondos. Para explicar con más detalle, la función "Multisig" se asemeja a una caja de seguridad, que requiere la presencia de al menos 2 partes con claves diferentes que deben usarse para abrir la caja de seguridad.

✓ Liquidez: este es un tema crítico, especialmente si tiene la visión de convertirse en un gran comerciante de bitcoin. Necesitará un monedero o un agente cambiario que tenga una alta liquidez y una elaborada profundidad de mercado para poder realizar sus actividades sin ninguna restricción.

Puede acceder a Bitcoin.com y obtener su monedero oficial, o cualquier otro monedero que se adapte a su escritorio o plataformas móviles. Sitios como Hivewallet.com, Blockchain.info, Kraken, Coinmkt.com y Coinbase.com también son algunos de los ejemplos de sitios acreditados, fiables y fáciles de usar que puede utilizar un principiante para crear su primer monedero.

También, tiene la libertad de usar una variedad de monederos para diferentes propósitos, para que no esté limitado en la forma en que realiza sus transacciones en línea. Esto se debe a que muchos monederos pueden parecer tener características similares, aunque solo pueden realizar funciones específicas mientras poseen inconvenientes peculiares. Por ejemplo, Hive solo opera en plataformas Mac, aunque contiene una tienda de aplicaciones que se enlaza con otros servicios de bitcoin. Adicionalmente, el monedero Armory está diseñado específicamente para satisfacer su seguridad mejorada. Sin embargo, el monedero Hive puede funcionar bien para usted como principiante y ambos monederos pueden tener peculiaridades de instalación únicas.

Una vez que haya establecido la autenticidad de su posible proveedor de monedero y confíe en que sus bitcoins pueden estar a salvo en su custodia, puede crear su monedero siguiendo los pasos a continuación:

- Puede crear un monedero de software de la siguiente manera:
    - o Ejecutar una búsqueda en google para el monedero de software de bitcoin.
    - o Asegúrese de descargar un monedero original. En este caso, puede optar por <u>Bitcoin Core</u>, ya que ha sido minuciosamente analizado y modificado para incluir más funciones de seguridad mejoradas.

        Después de instalar el software, se le pedirá al cliente de bitcoin que realice una búsqueda de la red e inicie el proceso de descarga del blockchain de bitcoin. Esto puede llevar unos minutos, así que tenga paciencia y espere a que se complete el proceso. Recuerde, debe asegurarse de que todos los bloques estén disponibles en la cadena antes de poder comenzar a enviar o recibir cualquier transacción.

    - o Algunos monederos ocupan menos espacio en el disco duro. Estos se llaman monederos ligeros y parecen ser fáciles de usar para la mayoría de los principiantes. La instalación de un monedero de este tipo puede ser una buena idea, ya que no descargará una versión completa del blockchain, y a la vez funcionará a una mayor velocidad. Esto se debe a que solo se utiliza una pequeña parte del blockchain a la vez, lo que aumenta su velocidad de operación. Electrum es uno de estos monederos ligeros. Sin embargo, tenga en cuenta que tales monederos no son muy seguros.

- Usted también puede configurar un monedero web. Recuerde, un monedero web almacenará todas sus claves privadas en su servidor, que normalmente es manejado por un tercero y controlado por varias personas. Esto lo hace algo popular, porque se puede acceder a él desde cualquier lugar. También puede obtener un monedero que vincule convenientemente tanto su software como los monederos móviles. Sin embargo, el sitio web puede "robar" sus bitcoins, ya que tienen control sobre todas sus claves. Una vez más, muchos monederos web son propensos a serias violaciones de seguridad; por lo tanto, asegúrese de conocer estos riesgos antes de comenzar a invertir sus fondos. Configurar un monedero web es un proceso tan fácil como se explica a continuación:

  o Busque su monedero de elección después de iniciar Google Play Store. Puede usar cualquier motor de búsqueda con el que se sienta cómodo.

  o Instale la aplicación del monedero y ábralo después de la instalación.

o Haga clic en "crear un nuevo monedero", continúe con la configuración y seleccione "copia de seguridad".

o Necesitará un bolígrafo y un pedazo de papel. Seleccione "Semilla máster de copia de seguridad".

o Se le pedirá que realice un proceso de verificación. Por favor siga las instrucciones que se le darán.

o Luego, haga clic en "Establecer código PIN". Se le solicitará que ingrese su PIN, preferiblemente de seis dígitos.

o También se le pedirá que confirme su pin. Esto significa esencialmente que ha configurado su cuenta. Entonces, comience a desplazarse por la aplicación para familiarizarse con las diversas características de su nuevo monedero. Puede comenzar a enviar, recibir, comprar o vender bitcoins simplemente tocando la pestaña de saldo y seleccionando la acción de su elección.

o Recuerde, si está interesado en tener monederos anónimos, también puede obtenerlos en línea. Sin embargo, la mayoría de estos monederos son menos seguros y no pueden ofrecer mucho en términos de garantía. Además, tales servidores fluctúan constantemente en la estabilidad de sus monedas y son vulnerables a ser hackeados de vez en cuando. Dark wallet es un ejemplo de monedero anónimo y funciona como una extensión de Chrome.

Por favor siempre tenga en cuenta que un monedero es simplemente un conjunto de direcciones y las claves correspondientes que puede utilizar para desbloquear los fondos. Por lo tanto, no hay absolutamente ningún límite en la cantidad de direcciones que puede crear, siempre que tal movimiento le ayude a seguir mejorando su privacidad en línea. Y si su monedero le permite cambiar las direcciones con la mayor frecuencia posible, entonces no tiene que arriesgar sus fondos registrándose en un monedero anónimo.

- Una vez que haya configurado su monedero, puede comenzar a recibir algunos bitcoins. Esto se puede hacer de varias maneras. Por ejemplo, si desea recibir bitcoins de un remitente que se encuentra cerca de usted, puede simplemente indicar la dirección (que es el número que se muestra en su pantalla) o incluso escanear el código QR. Pero si el remitente está lejos, simplemente seleccione la dirección y cópiela en el portapapeles antes de pegarla y enviarla al posible remitente. También puede hacer clic en "compartir dirección vía" y seleccionar su método preferido, desde las opciones que se le mostrarán.

- También puede enviar bitcoins a otros usuarios. Puede lograr esto simplemente escaneando el código QR o ingresando la dirección manualmente. Verifique y elija la opción correcta entre bitcoin (BTC) y USD (dólares americanos) antes de ingresar la cantidad. Verá el letrero "USD o BTC" en la esquina superior derecha de su teléfono, que puede simplemente tocar para hacer su elección deseada. También tendrá que seleccionar la tarifa de transacción. Esto normalmente se indica como la "tarifa del minero". Generalmente, la velocidad a la que los bitcoins llegan al destinatario determina el monto de la tarifa del minero. Si desea que se transfieran lo más rápido posible, incurrirá en cargos más altos. Esto esencialmente hace que la tarifa minera sea una compensación entre tiempo y costo.

A veces es posible que desee almacenar su bitcoin para un uso posterior. Este enfoque se emplea normalmente cuando se practica la estrategia de compra y venta especulativa de invertir en bitcoin. En tal caso, no es una buena idea almacenar bitcoin en monederos en línea, aplicaciones móviles, monederos de computadora o agentes de cambios. Por lo tanto, veamos cómo puede almacenar Bitcoin para inversiones a largo plazo:

Almacenamiento de Bitcoin a largo plazo

Es importante tener en cuenta la seguridad de sus fondos si desea almacenar su bitcoin para usar a largo plazo. El problema de la seguridad es aún más crítico si planea almacenar grandes cantidades de bitcoin. Por ejemplo, notará que su agente cambiario de bitcoins tiene una función de retiro instantáneo y también es un administrador sobre numerosas cantidades de bitcoins.

Por lo tanto, debe idear una medida estricta que pueda ayudar a minimizar la posibilidad de que un intruso le robe su bitcoin en caso de que haya una violación de seguridad. Como tal, es una buena idea considerar adoptar el almacenamiento en frío como una precaución de seguridad necesaria.

El almacenamiento en frío simplemente significa que mantendrá una reserva de bitcoins fuera de línea. En eso, debe asegurarse de que su bitcoin no esté disponible en la web o en cualquier otro dispositivo informático. Sin embargo, es una buena idea dejar una pequeña cantidad de bitcoin en el servidor para encargarse de los retiros esperados.

Puede utilizar los siguientes métodos para el almacenamiento en frío de bitcoin:

- Almacenamiento en un monedero basado en hardware: este es un dispositivo electrónico a prueba de manipulaciones para el almacenamiento fuera de línea de las claves privadas de sus monedas. Las claves privadas y las firmas digitales que necesitará antes de gastar bitcoins normalmente se crean a través de este monedero. A medida que adquiera su monedero de hardware, recuerde anotar la frase de recuperación (palabra semilla) en un papel y luego guárdela de manera segura. ¡Trate esto del mismo modo que trata su dinero! Considere hacer dos o tres copias y distribuirlo. Al desconectar las llaves, habrá eliminado por completo la posibilidad de ser hackeado.

  Varios monederos de hardware tienen diferentes características que los hacen únicos y más seguros. Por ejemplo, algunos monederos tienen una pequeña pantalla digital que contiene una interfaz de usuario, mientras que otros tienen tarjetas de red de seguridad que se pueden usar para realizar procesos de verificación de sus transacciones de bitcoin.

  La mayor ventaja de usar un monedero de hardware es que incluso si lo daña o lo pierde accidentalmente, solo necesita la frase de recuperación y podrá restaurar fácilmente sus bitcoins. Además, un intruso no puede transferir bitcoins de su monedero a menos que tenga acceso a su pin secreto. Y ningún troyano o grabador de pantalla espía puede grabar nada que tenga lugar en su monedero, porque tiene una pantalla LCD dedicada y no usa su computadora o los recursos del sistema.

Debido a la alta demanda, la mayoría de los monederos de hardware tienen un período de espera de más de un mes; por lo que necesita pedir el suyo a tiempo para evitar inconvenientes. Hay muchos monederos de hardware en el mercado. Algunos de los más populares son:

o **Trezor**: esta es una herramienta segura de almacenamiento de bitcoins y firma de transacciones que fue pionera en la era de los monederos de hardware. Trezor utiliza una estructura de monedero determinista y puede alojar un número ilimitado de claves. Tiene una forma distintiva de ingresar el pin, lo que ayuda a garantizar que los keylogger no puedan grabarlo, en caso de que lo use en una computadora comprometida. Puede establecer una frase de contraseña de cifrado en la parte superior del PIN y usar más frases de contraseña para una negación plausible.

o **Ledger Nano S**: este producto de una iniciativa con sede en Francia, tiene un aspecto europeo elegante y atractivo. Tiene una clave semilla de respaldo que puede usar para recuperar sus bitcoins. Además, tiene una interfaz OLED que es fácil de usar y una sensación de unidad flash, y contiene dos botones en el lado que puede usar para navegar por la interfaz. El Ledger Nano S es un dispositivo sin batería que se puede conectar a un dispositivo móvil o PC a través del USB. Se considera que es el más barato a pesar de que admite otras ocho criptomonedas en este momento.

o **Keepkey**: Este monedero es más grande que Ledger Nano S y Trezor. Por lo tanto, puede que le resulte un poco voluminoso. Actualmente, admite seis criptomonedas, aunque funciona igual que los otros monederos.

- Almacenamiento en un monedero de papel: también puede usar monederos de papel para mantener su bitcoin seguro. Un monedero de papel se puede describir como un documento que tiene copias de las claves privadas y públicas que constituyen un monedero. En la mayoría de los casos, un monedero de papel tendrá códigos QR, que le permitirán realizar una transacción con solo escanearlos rápidamente y agregar las llaves a su monedero de software.

Un monedero de papel no puede ser sometido a fallos de hardware o delitos cibernéticos porque no hay un almacenamiento digital de las claves. Sin embargo, siempre tenga más cuidado al crear su monedero de papel porque su contraseña puede ser filtrada a otras partes. Además, no debe perder su monedero de papel, ya que esto esencialmente significa que también corre el riesgo de perder su dinero. Puede crear un monedero de papel de la siguiente manera:

   o En su navegador, entre a **BitAddress.org** para poder generar una nueva dirección

   o Se le pedirá que escriba caracteres al azar en un formulario o simplemente mueva el cursor para crear algo de aleatoriedad.

   o Se le presentarán sus claves privadas y públicas. En esta coyuntura, no debe escanearlos.

   o A continuación, haga clic en la pestaña "Monedero de papel" y seleccione el número de direcciones que desea generar.

- Puede hacer clic en el botón "¿Ocultar arte?", especialmente si no está interesado en mantener el diseño de bitcoin.

- A continuación, comience a crear sus nuevos monederos haciendo clic en el botón "Generar".

- Tan pronto como cree su monedero, puede hacer una copia impresa haciendo clic en el botón "Imprimir".

- Se le pedirá que seleccione la impresora que desea utilizar. Si está utilizando el navegador Google Chrome, también podrá guardar la página como un archivo PDF.

- Escriba las direcciones públicas o escanee el código QR de la dirección pública en su aplicación de bitcoin para que pueda comenzar a depositar fondos.

Si está utilizando el sitio web Blockchain.info, puede ir a la opción de monedero de papel básico y buscar el enlace "Monedero de papel" en el menú de la izquierda después de hacer clic en la opción "Importar / Exportar". Bitcoinpaperwallet.com también le ofrece una opción de monedero de papel más sofisticado. Recibirá un diseño de monedero de papel que es a prueba de manipulaciones y puede solicitar etiquetas holográficas que indiquen si el monedero ha sido manipulado o no. Se le entregará un CD de Ubuntu de arranque que también tiene un monedero de papel preinstalado. También puede tomar las siguientes medidas para hacer que su monedero sea más seguro:

- Asegúrese de que nadie lo vea mientras cree su monedero.

- La ventaja de usar BitAddress es que admite el cifrado de claves privadas a través de un algoritmo BIP38 único que proporciona a su monedero una autenticación de dos factores. Sin embargo, esto significa que debe usar el mismo sitio web para poder descifrar la clave privada.

- El uso de un sistema operativo limpio lo ayudará a evitar el riesgo de que algún tipo de software espía controle sus actividades. Puede crear un DVD o unidad flash USB que contenga una distribución de Linux "LiveCD", como Ubuntu.

- Después de usar un sitio web para configurar un monedero de papel, el código del sitio web aún puede funcionar sin conexión. Por lo tanto, debe desconectar su computadora antes de poder comenzar a crear las claves públicas y privadas.

- El uso de una impresora que no esté conectada a la red también garantizará que obtenga mayor seguridad para su monedero de papel.

- Lamine su monedero de papel para mejorar su durabilidad y resistencia contra el agua. Guardarlo en una bolsa de plástico sellada también es una buena idea.

- Si es posible, también puede guardar su monedero de papel en una caja fuerte para protegerlo de incendios y robos. También puede considerar confiar el monedero de papel a un abogado; este puede ser la misma persona en la que confía para mantener su última voluntad o testamento.

- Almacenar su monedero en varios lugares también mejorará la redundancia. Puede utilizar cajas de depósito o incluso familiares de confianza.

Una vez que haya creado su monedero, recuerde mantener su contraseña segura. Manténgala lo más lejos posible de su identificador de monedero. Además, es prudente seguir descargando una copia de seguridad cada vez que reciba una transacción o inicie sesión, y protéjala lo más que pueda. También puede comenzar a construir su propio monedero de hardware, especialmente después de adquirir más conocimientos de tecnología.

Armado con su monedero seguro, es el momento de realizar transacciones en bitcoin. Para una nueva transacción, es posible que deba pagar un mínimo de 0.01 BTC como tarifa de transacción.

Paso 2: conecte su monedero a su cuenta bancaria

Este paso consiste en llenar su monedero con bitcoins. Para llevar a cabo este paso, deberá proporcionar a su agente cambiario los detalles financieros de su cuenta bancaria del mundo real de la misma manera que lo haría si estuviera inscribiéndose en cualquier servicio de pago en línea, como al crear una cuenta de PayPal.

Deberá proporcionar detalles como su nombre completo tal como aparece en su cuenta bancaria, el número de ruta de la cuenta y el número de cuenta. Puede obtener esta información en sus cheques de papel o en su cuenta bancaria en línea.

Los agentes cambiarios tendrán diferentes procedimientos. Simplemente siga las instrucciones y complete el proceso según lo solicitado. Sin embargo, el procedimiento tomará la forma de:

Este ejemplo se basa en el intercambio con Coinbase.

- Inicie sesión y abra la página de Métodos de pago.

- Seleccione "Vincular una cuenta bancaria".

- Por lo tanto, siga adelante y seleccione su banco de las opciones anteriores. Si su banco no está en la lista, simplemente haga clic en "Otro banco".

- Una vez que seleccione uno de los bancos en la lista, aparecerá una pantalla de inicio de sesión específica para su banco.

- Ingrese su nombre de usuario y contraseña en línea según lo solicitado, para completar el proceso único de verificación. Diferentes bancos tienen diferentes procedimientos de seguridad. Así que siga las instrucciones como se indica. Algunos bancos pueden pedirle que responda preguntas de seguridad adicionales, como ingresar su PIN. Se dará cuenta de lo sencilla, segura y rápida que es la verificación. Toda la información que ingresa en este paso, como su nombre de usuario y contraseña, no se almacena en Coinbase; más bien, se elimina inmediatamente después de que se complete el proceso de verificación de su cuenta bancaria.

  Sin embargo, si no se siente cómodo compartiendo su nombre de usuario y contraseña de banca en línea, puede continuar seleccionando la opción "Otro banco" en el menú principal antes de elegir el proceso de Verificación de depósitos. Pero tendrá que ser paciente durante 2 ó 3 días para poder completar este proceso.

- Al seleccionar la opción "Otro banco", el sistema le solicita el nombre de su cuenta bancaria, el número de cuenta bancaria y el número de ruta del banco. Eso no es todo; se le pedirá que ingrese o seleccione el tipo de cuenta que desea vincular, es decir, si se trata de cheques comerciales, ahorros o cheques.

- Después de introducir los detalles de su cuenta, puede continuar con el proceso utilizando la "verificación instantánea de la cuenta" (donde se le solicitará que ingrese sus credenciales bancarios en línea) o el proceso de "verificación de depósito".

- El procedimiento de verificación de depósito iniciará dos pequeños depósitos de prueba en su cuenta. También se iniciará un débito por el monto combinado.

- Los depósitos deben llegar a su cuenta en el trascurso de dos a tres días. Así que vaya a su página de "Métodos de pago" y verifique su cuenta. Simplemente haga clic en el botón rojo "verificar". Aparecerá la ventana de verificación, donde puede introducir los dos montos de depósito y completar el proceso haciendo clic en "Verificar los montos de depósito".

En este punto, se verifica su cuenta bancaria y puede comenzar a comprar bitcoin.

- Siéntase libre de agregar o cargar su tarjeta de crédito o débito (MasterCard o Visa) directamente, incluso cuando compre bitcoin. Los fondos que compra a través de dicha opción normalmente se acreditan en su cuenta inmediatamente.

Además, algunos agentes cambiarios pueden permitirle retirar USD de su monedero por transferencia bancaria o a su cuenta vinculada. Otros también pueden permitirle realizar un pedido de venta, en cuyo caso los ingresos de su USD se pagan a su cuenta de PayPal o vinculada.

Recuerde, vincular su cuenta bancaria a su monedero de bitcoin podría representar un gran riesgo para su seguridad personal, así como para sus compras en línea. Por lo tanto, como requisito previo, asegúrese de que su agente cambiario o monedero garantice altos estándares de seguridad y cifrado. De lo contrario, podría convertirse en un blanco fácil para muchos hackers y estafadores en línea.

Paso 3: Uso de los fondos en su cuenta bancaria para comprar Bitcoin

Este es un paso bastante sencillo que implica la compra de bitcoin y la incorporación a su monedero. Una vez que llegue a la página de su monedero, verá una opción que está etiquetada como "Comprar Bitcoin" o algo parecido. Por lo tanto, simplemente haga clic en esta opción y siga las instrucciones que se le darán para comprar su primer bitcoin, usando el dinero de su cuenta bancaria.

Sin embargo, aún puede comprar bitcoins si no quiere usar su monedero o si desea ser lo más anónimo posible. Esto significa que puede comprar bitcoins desde cualquier lugar del mundo, a través de opciones como corredores, comerciantes locales, cajeros automáticos e incluso tarjetas de regalo. En tales circunstancias, su capacidad para comprar bitcoin se basará en:

- Su lugar de residencia: aunque es posible comprar bitcoins alrededor del mundo, siempre busque las opciones disponibles en su país. Por ejemplo, Estado Unidos Y Canadá siguen siendo los mercados más grandes para bitcoins y, como comprador, encontrará una amplia variedad de opciones para el comercio de bitcoins. Los intercambios (como Bitstamp; GDAX y Bitfinex de Coinbase), los mercados peer-to-peer (como Bitsquare Bitquick, Paxful y LocalBitcoins) y los agentes cambiarios directos (Kraken y Coinbase) son algunas de las opciones más comunes. Tenga en cuenta que las compras realizadas en bolsas son más baratas que en los mercados peer-to-peer.

- El método de pago: en la mayoría de los casos, comprar bitcoin implica enviar dinero a otra persona. Esto significa que, si su país tiene un sistema financiero mejor y más avanzado, entonces puede cambiar fácilmente su dinero por bitcoin. Siempre tenga en cuenta que la moneda fiduciaria ha demostrado ser el principal obstáculo en el flujo del comercio de bitcoins. Por lo tanto, usar un canal de pago lento y costoso significa que la adquisición de bitcoin también será lenta y costosa. Pero usar un canal de pago que sea rápido hace que su compra de bitcoin sea más fácil y menos costosa. Su intercambio siempre le indicará los métodos de pago preferidos. Por ejemplo, la mayoría de los agentes cambiarios aceptan transferencias bancarias, pero no le permitirían utilizar los canales de pago privados comunes, como efectivo, Western-Union, etc., para comprar bitcoins. Además, algunos proveedores pueden aceptar PayPal o tarjetas de crédito. Esto se debe a que, si bien las transacciones de bitcoin son irreversibles, las transacciones de PayPal o de tarjeta de crédito se pueden revertir.

- La cantidad de información privada que le gustaría divulgar: en la mayoría de las jurisdicciones, bitcoin siempre está sujeto a regulación financiera. Como tal, las reglas contra el lavado de dinero (AML) se aplican constantemente a las plataformas que venden bitcoins o aquellas que permiten a los usuarios realizar transacciones con bitcoin. La mayoría de estas plataformas se ven obligadas a establecer mecanismos para verificar la identidad de sus clientes, como la adopción de las reglas "Conozca a su cliente" o "Know your Client" (KYC). El hecho de que las transacciones de bitcoins normalmente se guardan públicamente en el blockchain y se pueden rastrear implica que el nivel de información privada que revela al comprar bitcoins puede tener serias ramificaciones en su privacidad personal. En consecuencia, los varios agentes cambiarios pueden tener diferentes grados de KYC según la cantidad de información privada que debe divulgar. Las calificaciones notables son:

✓ No hay grado KYC: este es el más bajo. En este grado, la plataforma no necesita saber quién es. No tendrá que presentar ningún tipo de identificación y podrá comprar bitcoins a través de cualquier medio privado, como, por ejemplo, utilizando Western-Union, Paysafecard, MoneyGram o efectivo. Algunas jurisdicciones pueden permitirle comprar bitcoins sin KYC, por ejemplo, tarjetas de regalo, cajeros automáticos de bitcoin y en los mercados peer-to-peer como Localbitcoins. Pero es importante tener en cuenta que comprar bitcoin sin KYC es más caro que usar otras opciones.

✓ Grado ligero de KYC: este nivel de KYC usa sus números de teléfono o su canal de pago para llevar a cabo su identidad en línea. Por lo tanto, al realizar pagos utilizando los medios comunes de pago, como su tarjeta de crédito, PayPal o cuenta bancaria, simplemente significa que su proveedor de pagos ya conoce su identidad. Sin embargo, la mayoría de las plataformas, ya sean mercados, plataformas de intercambio o agentes cambiarios directos, solo le permitirán comprar una cantidad limitada de bitcoin utilizando el grado ligero KYC.

✓ El grado completo de KYC: con este grado, se le pedirá que se identifique de la manera más completa posible. En ese sentido, se le pedirá que proporcione documentos adicionales además de verificar su identidad utilizando sus números de teléfono y su cuenta bancaria, a fin de proporcionar una prueba más precisa y perfecta de su identidad. Los documentos adicionales pueden incluir una o la combinación de documentos tales como una factura de servicios públicos, una licencia de conducir, una tarjeta de identificación o un pasaporte, y algunas plataformas pueden incluso solicitarle que proporcione aprobaciones formales de sus documentos de identificación de un tercero de confianza. Como un banco, o un notario. Su intercambio puede incluso exigirle que participe en el proceso de identificación de video o simplemente envíe una foto que muestre que tiene su tarjeta de identificación. Recuerde, el KYC completo se convierte en obligatorio cuando se negocia en bolsas o cuando se invierten grandes sumas de dinero.

Los factores anteriores lo ayudarán a determinar la plataforma que mejor se adapte a sus necesidades y notará que el proceso de compra de Bitcoin es mucho más fácil de lo que nunca imaginó. Pero tenga cuidado; como principiante, ¡no ponga en peligro sus inversiones al tomar riesgos innecesarios! En su lugar, comience con poco y crezca lentamente a medida que domina el arte de comerciar con bitcoin.

Una vez que haya adquirido su primer bitcoin, también puede comenzar a comerciar. Este es el paso que requiere la mayor parte de su ingenio y utiliza su firmeza para obtener beneficios y cambiar la trayectoria de su estado financiero.

Paso 4: Operando con Bitcoin

Tra<s adquirir su primer bitcoin, puede empezar a usarlo para comprar bienes y servicios. Este es un paso muy importante que puede ayudarlo a comprender cómo funciona el comercio con bitcoin. Entonces, vaya y averigüe si sus sitios web favoritos aceptan Bitcoin. En la actualidad, un número cada vez mayor de minoristas está comenzando a aceptar Bitcoin como método de pago.

Por ejemplo, puede usar bitcoin para hacer compras de computadoras en Newegg.com. O simplemente visite CheapAir.com y reserve su boleto de avión desde la comodidad de su cama. Otros proveedores en línea que aceptan bitcoin son: Whole Foods, Zappos, Subway, Victoria's Secret, Bitcoin.travel, Overstock.com, Wordpress, Amazon, etc. Puede ir a bitcoin.org y realizar una investigación adicional sobre los servicios específicos que se enumeran. Así como familiarizarse con varios términos y condiciones. Además, intente acceder al mapa de ubicaciones físicas de coinmap.org e identifique a los proveedores que se encuentran dentro de su localidad y que aceptan bitcoins.

A medida que adquiera más experiencia tecnológica, comience a comprar Bitcoin cuando el precio sea bajo antes de comprar sus productos favoritos cuando el valor de Bitcoin sea alto. De esta manera, puede generar valor para usted mismo simplemente conservando los bienes o vendiéndolos para obtener una ganancia.

Dado que el mercado de bitcoins es todavía nuevo, está muy fragmentado y presenta enormes brechas, el hecho de dedicarse a ello puede ser una empresa extremadamente rentable. La volatilidad de Bitcoin junto con su prolongada historia de burbujas ha jugado un papel importante para atraer a nuevos usuarios e inversores a la criptomoneda. Con cada nueva burbuja, se crea un gran despliegue publicitario que pone el nombre de bitcoin en las noticias. En consecuencia, esta atención de los medios hace que las masas se interesen en Bitcoin hasta que la publicidad desaparece.

Por lo tanto, cada vez que aumenta el precio de bitcoin, tanto los especuladores como los nuevos inversores tienen la oportunidad de obtener grandes ganancias. Recuerde, bitcoin es una moneda global que es fácil de enviar, independientemente de dónde se encuentre. Esto significa que el comercio de bitcoins es un ejercicio tan simple que no puede esperar a que se le pregunte antes de sumergirse. Así que, como tiene algunos bitcoins en su monedero, puede comenzar a comerciar lo antes posible, porque someterse a procesos de verificación puede que ya no sea necesario.

A continuación, verá algunas de las formas de llevar a cabo el comercio de bitcoins:

1: CFDs de Bitcoin (Contratos por Diferencia)

Esta forma de comercio de bitcoins le permite intercambiar bitcoins sin utilizar el propio bitcoin. Los CFD pueden ayudarlo a obtener exposición al bitcoin, aunque todavía no lo tenga físicamente. Con un CFD, puede asumir riesgos con los precios fluctuantes de los mercados o instrumentos financieros internacionales de rápido movimiento, como productos básicos, divisas, tesorería, índices y acciones.

Básicamente, un Contrato por Diferencia de bitcoin representa un contrato entre el agente cambiario y usted, el comerciante, mediante el cual ambos se comprometen a pagarse el uno al otro a medida que los precios aumentan o disminuyen en efectivo, en lugar de que se entreguen los bienes físicos (bitcoin). En este caso, su CFD declarará que cualquier diferencia entre su precio de entrada y de salida constituye automáticamente su ganancia o pérdida. En pocas palabras, un CFD se refiere a un acuerdo, que normalmente se lleva a cabo entre dos partes simulando que el activo físico real, en este caso bitcoin, estuviera bajo la custodia del comerciante.

Por ejemplo, puede firmar un CFD con un agente cambiario de buena reputación como Plus500 para bitcoin a los precios actuales, y establecer el contrato para que finalice a las 10 p.m. (probablemente debido al hecho de que el comercio de bitcoin en Plus500 tiene que finalizar a las 10 p.m.). Como resultado, el valor a negociar se determinará por el precio actual de bitcoin y, mientras tanto, puede establecer un tiempo de contrato, digamos una cantidad de horas en el futuro, que representa el punto en el que al comprador (usted) o al vendedor (el agente cambiario) se le paga alguna diferencia.

Básicamente, esto significa que, si su intuición acerca de los precios fluctuantes de bitcoin resultó ser correcta, y los cambios de precios se producen dentro del marco de tiempo establecido, entonces la empresa comercial le pagará la diferencia. Pero si su intuición resulta ser incorrecta y los precios de bitcoin no caen o suben como lo esperaba, entonces tendrá que sufrir una pérdida pagando la diferencia al agente cambiario o a la empresa comercial. Con esta forma de negociación, idealmente, usted y el agente cambiario están apostando básicamente a si habrá o no un aumento o una caída en los precios de bitcoins.

Sin embargo, el comercio de CFD con bitcoins puede ser un negocio bastante arriesgado. Entonces, obtenga algo de experiencia primero; trate de entender la volatilidad del mercado de bitcoin antes de llevar a cabo tal movimiento.

Recuerde, realizar operaciones de bitcoin CFD también incluye varios resultados, tanto positivos como negativos. Vamos a explorar algunos de ellos.

Ventajas del comercio de CFD

A continuación, se presentan algunos de los beneficios del comercio de CFD:

- El comercio de CFD es más flexible porque puede apuntar a una subida (donde apuesta que habrá un aumento en el precio) o a una bajada (donde apuesta que habrá una caída en el precio). Además, el comercio de bitcoins CFD se puede realizar en cualquier día y en cualquier momento. También puede cerrar las operaciones de CFD siempre que se considere posible.

- No es necesario mantener el bitcoin real. Por lo tanto, no tendrá que perder tiempo tratando de asegurar los bitcoins que habría comprado. Eventualmente, el riesgo de perder su bitcoin se elimina completamente.

- Aprovechamiento: ¿le gustaría controlar una posición más grande, aunque tenga un capital más pequeño? Entonces el comercio de CFD le ayudará a alcanzar su objetivo. Como un operador experto, esta técnica aún puede ver que usted obtiene más ganancias incluso en esos momentos en que los mercados no se están moviendo tanto. Sin embargo, con el aprovechamiento, su riesgo se multiplica; así que tiene que ser cuidadoso con eso también.

- Acortar el mercado: de hecho, es posible que encuentre algunos agentes cambiarios que le permitan acortar el mercado. Sin embargo, se dará cuenta de que configurar una posición corta mientras se realiza el comercio de CFD con bitcoins es la más fácil de todas. Esto significa que, si está convencido de que el precio de Bitcoin ciertamente bajará, entonces puede reducir la criptomoneda abriendo una venta / venta corta, algo que no puede hacer cuando se mantiene el bitcoin físico. Por lo tanto, esencialmente gana más flexibilidad, especialmente en términos de su estrategia comercial.

- Impuestos más bajos: en la mayoría de las jurisdicciones, las ganancias obtenidas de las operaciones con CFD de bitcoin atraen tasas impositivas más bajas que las que se obtienen al comprar y vender directamente bitcoin. Esto se debe a que las plataformas que facilitan el comercio de CFD están más reguladas y son más seguras que la mayoría de los agentes cambiarios.

- Velocidad de ejecución: los CFD de Bitcoin tienen la máxima velocidad de ejecución. Recuerde, los agentes cambiarios dependen del volumen. Por lo tanto, si no hay muchas personas negociando, su pedido no se puede completar. Pero con los CFD, los corredores normalmente están conectados a proveedores de liquidez, lo que ofrece una ejecución garantizada y, a menudo, rápida. En pocas palabras, con el comercio de CDF, los individuos no tienen que negociar entre sí en un intercambio en particular, pero se les garantiza el acceso total a la liquidez de los socios institucionales, lo que hace que las transacciones sean más rápidas. Como resultado, puede responder rápidamente a cualquier tendencia dinámica en el mercado.

- Alta frecuencia de negociación y estrategias que son bastante automatizadas: también puede encontrarse con algunos corredores de bitcoin, como Whaleclub, que pueden proporcionarle una API completa. Esto implica que, a continuación, puede crear algunos scripts personalizados para comerciar, especialmente si posee alguna experiencia en desarrollo. Además, otro agente conocido como Evolve Markets, puede permitirle realizar operaciones de scalping y operaciones de alta frecuencia a través de su cliente MT4. Tenga en cuenta que esta forma de comercio rara vez es común en la mayoría de los agentes cambiarios de bitcoin porque no están diseñados para manejar una carga tan pesada.

Desventajas del comercio de CFD

Implementar el comercio de CFD puede afectarlo de las siguientes maneras:

- Inicialmente, los CFDs pueden parecer atraer tarifas bajas en comparación con otros métodos de negociación. Sin embargo, estas tarifas son siempre más altas que las que cobran aquellos intercambios que facilitan la compra y venta directa de bitcoin, como Kraken o Bitstamp.

Por ejemplo, además del interés diario en las posiciones abiertas, las comisiones en Plus500 se derivan de la diferencia, que es esencialmente la diferencia entre el precio al que compra (es decir, el precio de venta) y el precio al que vende (es decir, el precio de licitación). Puede terminar incurriendo en pérdidas que van desde 0.5% hasta el 5% de la suma negociada. Sin embargo, es posible que se le cobre una comisión por encima del margen, que afecta en gran medida a sus ganancias generales.

- Además, como comerciante a largo plazo, los CFD de bitcoin pueden no funcionar bien para usted. Tendrá que incurrir en un cierto costo, que comúnmente se conoce como Premium, para mantener una operación abierta mientras usa los CFD. La prima normalmente toma 0.1% de su posición diariamente. Recuerde, el apalancamiento en un CFD se ve facilitado por los préstamos hechos desde el intercambio al comerciante. Por lo tanto, toda la duración de este acuerdo de financiación atrae algunos cargos por intereses. Por otro lado, si hubiera elegido los bitcoins físicos, los guardaría en un monedero digital durante un tiempo determinado sin incurrir en ningún costo.

- Con los CFD, no puede escapar de la temida "llamada de margen". El acuerdo de financiamiento asociado con los CFD hace que los agentes cambiarios busquen medidas estrictas para protegerse contra movimientos drásticos imprevistos dentro del mercado. Desafortunadamente, estas medidas siempre colocarán sus balances en las cifras profundas negativas. Esto significa, siempre que haya una gran ventaja, que los mercados experimentan una alta volatilidad y un ritmo frenético de negociación que hace que estos saldos negativos sean un riesgo sustancial. En realidad, las pérdidas resultantes son siempre responsabilidad del comerciante, pero si no puede soportarlo, entonces su agente cambiario tendrá que sufrir esas pérdidas financieras. Por lo tanto, como medida de precaución, es probable que su agente cambiario lo bloquee antes de que su saldo se convierta en negativo, un fenómeno conocido comúnmente como una llamada de margen. Una llamada de margen puede definirse como el acto donde su agente cambiario bloquea su operación debido al hecho de que su dinero o inversión no es suficiente para cubrir su pérdida. Pero si su cuenta de margen está mejor financiada, es menos probable que atraiga una llamada de margen. Por lo tanto, en medio de la volatilidad de cualquier mercado, si su margen es demasiado delgado, puede terminar siendo eliminado del comercio con una pérdida. A veces, las llamadas de margen pueden ser molestas, especialmente si ocurren en su operación, ya que tienen el potencial de ser más rentables.

Los CFD de Bitcoin pueden ser bastante desafiantes, ya que puede darse cuenta de que las ganancias que esperaba no son las únicas. Esto significa que debe mantenerse informado constantemente para seguir entendiendo la importancia de los principales eventos del mercado. Pero como principiante, esta podría ser la oportunidad perfecta para descubrir cómo funcionan los CFD de bitcoin y si el comercio de CFD puede ser una empresa rentable o no.

Empezando con CFDS

Si siente que tiene la resistencia para probar el comercio de CFD con bitcoins, los siguientes pasos le ayudarán a lograr su objetivo:

- Comience por experimentar con los CFD: muchos corredores de Bitcoin CFD, como Fortrade, AvaTrade y Plus500, proporcionan un programa de demostración que se asemeja a su interfaz comercial habitual. El precio real de bitcoin, así como las operaciones generales de los CFDs, son reales, aunque su cuenta de operaciones se llena automáticamente con dinero simulado. Use la demostración todo el tiempo que pueda para así ganar la suficiente confianza. Plus500 es una de las plataformas comerciales más simples que pueden ayudarlo a aprender cómo realizar operaciones con CFD. Así que comience por registrarse en su cuenta de demostración lo antes posible. Vaya al sitio web de Plus500, haga clic en el botón "¡Comience a negociar ahora!" y descargue e instale la demostración de Plus500.

Haga clic en el botón "Descargar ahora" y continúe con los pasos que se indican.

Una vez que la aplicación esté completamente instalada, ejecútela y regístrese como nuevo usuario después de seleccionar el "Modo de demostración". Debe introducir una dirección de correo electrónico y una contraseña. Tenga en cuenta esta información, ya que la necesitará para iniciar sesión en el futuro.

Como nuevo usuario, debe permanecer en el "Modo de demostración" hasta que pueda comprender completamente las características importantes de los CFD. Esto también le ayudará a evaluar la rentabilidad prevista a través de la demostración en tiempo real. La razón principal debería ser el hecho de que, si no puede lograr ganancias constantes en las operaciones simuladas, no hay garantía de que tendrá éxito al usar dinero real.

- A continuación, inicie sesión para comenzar a operar: una vez que se muestre el panel de inicio de sesión, puede hacer una demostración de comercio simplemente haciendo clic en el enlace "Pruebe nuestro comercializador web en su navegador". Pero si se siente más seguro y desea utilizar la aplicación que ha descargado, simplemente ingrese su dirección de correo electrónico y contraseña y haga clic en "enviar".

- Ahora necesita ubicar y examinar los CFD de bitcoin: simplemente vaya al panel de la izquierda e introduzca "bitcoin" en el campo de búsqueda. Bitcoin aparecerá en el panel de instrumentos. Al hacer clic en el enlace Detalles, se mostrará información importante sobre los CFD de bitcoin. Al mover el cursor sobre los iconos "?", puede ver diferentes cuadros informativos acerca de las herramientas.

El panel de detalles puede indicar que hay un cargo aplicable del 0,1% de cada contrato que se posee. Este cargo se realiza normalmente a la medianoche. Además, sus fondos son aventajados 13 veces. Es decir, cada vez que hay un movimiento de $ 1 en el precio subyacente de bitcoin, hay un movimiento posterior de $ 13 en el valor de cada contrato que mantiene.

El margen inicial normalmente se refiere al porcentaje del valor total de su posición que debe tener su cuenta antes de abrir la operación. Por ejemplo, en este caso, se requiere que tenga un depósito del 8% del valor. El margen de mantenimiento simplemente implica el porcentaje de requisitos previos para que su operación pueda permanecer abierta. Recuerde, si su posición disminuye en valor, su margen inicial puede caer drásticamente por debajo de su margen de mantenimiento y llevar al cierre de la operación (una llamada de margen). Además, tome nota de la fecha de vencimiento del contrato, es decir, a mediados de junio de 2018 en nuestro caso. Esto significa que cualquier posición mantenida hasta entonces solo será cerrada.

- Puede comenzar a comerciar: una vez comprendido el contrato, comprar y vender bitcoin no es muy difícil. Vaya al panel Detalle o Instrumento y haga clic en "corto" o "comprar", si espera que el precio suba o baje, respectivamente.

Entonces, continúe y estructure e ingrese lo que va a comerciar. Sin embargo, evite vender más contratos de bitcoin de los que posee; de lo contrario, estará creando una posición corta.

Comprar el número equivalente de contratos le ayudará a cerrar una posición cerrada.

El sistema determinará el valor actual del número total de los contratos seleccionados y convertirá ese valor en su moneda local. El margen inicial necesario será determinado y convertido también.

Las opciones, "cerrar en pérdida" y "cerrar en ganancia", pueden marcarse y fijarse para formar un "parar en pérdida" y un objetivo de ganancia, en ese orden. Entonces, cuando los precios de bitcoin alcanzan estos niveles, la aplicación cierra automáticamente su posición. Esto implica que puede automatizar el proceso de obtención de beneficios en las buenas operaciones, al tiempo que limita las pérdidas en sus operaciones malas. La opción de detención tiene la finalidad de garantizar que el comercio se cierre cuando el precio caiga por debajo de su nivel de "parar en perdida".

Adicionalmente, puede aplicar la opción de "parada final" cuando el precio sea tendencia. Con la opción de parada final, establece el precio de "parar en pérdida" en un monto en dólares que es menor que el precio de mercado vigente en lugar de fijarlo en un monto en dólares único y absoluto.

Si el precio se mueve en contra de su dirección esperada, el comercio se cierra automáticamente dependiendo del número seleccionado de "Pips". Los pips se refieren a lugares decimales en el comercio de divisas. No tiene que preocuparse por esto, solo use las flechas o el campo numérico para obtener el valor ingresado antes de que la extensión de finalización aparezca como un porcentaje.

Por último, puede utilizar la opción "Solo comprar / vender cuando la tasa es [x]" para obtener una operación larga o corta ingresada automáticamente una vez que el precio de bitcoin alcance un nivel determinado.

- Comience a verificar su saldo, posiciones cerradas, pedidos y posiciones abiertas: 3 pestañas en la parte superior de su interfaz de negociación que son muy importantes al momento de acceder al historial y el estado de sus posiciones de negociación. Además, el menú "Administración de fondos" en la barra de herramientas puede ayudarlo a acceder al saldo de su cuenta y otros detalles relacionados.

- Continúe explorando y examinando otras funciones importantes: por ejemplo, cerca del enlace de Detalles hay un icono de campana. Puede hacer clic en él para activar la función de Alerta de precio y comenzar a recibir alertas por correo electrónico o SMS cuando se alcance un precio determinado de bitcoin.

- Finalmente, financie su cuenta y comience a realizar operaciones: a estas alturas, debe haber adquirido confianza en las operaciones con CFD. Entonces, sigua adelante y comience a hacer negocios con dinero real, ¡aunque creo que probablemente ya empezó desde hace un tiempo! Puede financiar su cuenta Plus500 a través de las siguientes opciones: Skrill, PayPal, Diner's Club International, Maestro, MasterCard o Visa.

Nunca olvide que el comercio de CFDs con bitcoin Plus500 sigue siendo una propuesta desafiante y de alto riesgo. Por lo tanto, debe esforzarse un poco más para obtener altos resultados. Siempre recuerde que. cuando se embarca en el comercio de CFD, sufre una pérdida inmediata, como resultado de la diferencia entre el precio de mercado de bitcoin y el precio ofrecido por el agente cambiario al abrirse la posición.

Por lo tanto, para que pueda alcanzar el punto de equilibrio, su única esperanza es que el precio de bitcoin tenga que moverse una distancia apreciable en la dirección de su elección, de modo que se pueda cubrir adecuadamente esta brecha. Por ejemplo, supongamos que abrió una posición comprando bitcoins e inmediatamente cerró la misma posición, esencialmente perderá la diferencia entre el precio de compra y el de venta.

Además, los mercados de bitcoin son bastante impredecibles y muy competitivos. La mayoría de los comerciantes tienen una gran ventaja en recursos y son más hábiles y experimentados. Entonces, como principiante, su experiencia será más aventurera que la de sumergirse en aguas profundas llenas de tiburones. Por esta razón, mantenga el modo Demo hasta que sea lo suficientemente fuerte como para sobrevivir.

Lentamente, intente formar una disciplina, paciencia y habilidad. Siga estudiando y practicando. Nunca se olvide de llevar un diario de comercio también. Debe tomar nota de las facetas pertinentes de su experiencia comercial y guardarlas. Registre su estado de ánimo y trate de averiguar si su tolerancia al riesgo está mejorando o no.

Día de comercio de Bitcoin

Utilice esta técnica cuando se centre en el comercio solo cuando sea conveniente para usted y no ocupe ninguna posición mientras duerme. El día de comercio se refiere a un estilo de comercio activo e involucrado que busca aprovechar movimientos cortos pero significativos en los precios. Usted puede ser atraído al día de comercio de bitcoins debido al hecho de:

- La volatilidad del bitcoin permanece mucho más alta que otros instrumentos de negociación. Por lo tanto, el mercado de bitcoins está lleno de una gran cantidad de acciones negociables que puede capitalizar. Hasta ahora, ¡bitcoin rara vez ha tenido una acción monótona de precio!

- Puede beneficiarse del Bitcoin, aunque no tenga una posición a largo plazo ni entienda sus complejidades técnicas. Esencialmente, solo intercambia bitcoins de la misma manera que lo haría con productos básicos.

- Puede acceder al comercio aventajado en la mayoría de los agentes cambiarios. Por lo tanto, si está ansioso por obtener una gran exposición al riesgo al alza y a la baja, especialmente por encima de lo que su presupuesto ordinario de comercio le permitiría, el día de bitcoin será la mejor opción para usted.

- A veces, los agentes cambiarios comerciales diarios cobran tarifas más bajas, a diferencia de la mayoría de los agentes cambiarios tradicionales. Esto significa que debe elegir sabiamente su agente cambiario para obtener más beneficios.

Sin embargo, debe tener algo de experiencia antes de emprender en el día de comercio de bitcoin. Descubrirá que adoptar una estrategia comercial a largo plazo es más fácil y más rentable, especialmente si solo puede comprar Bitcoin a un nivel bajo y disponer de un nivel alto, que la estrategia de negociación diaria. El día de comercio es más exigente, especialmente en términos de tiempo, atención y energía. Por lo tanto, puede que no le funcione bien si ya lleva un estilo de vida ocupado.

Antes de comenzar con el día de comercio, debe tener lo siguiente:

- Capital comercial: la regla general es que siempre realice transacciones diarias con los fondos que está listo para perder porque, como nuevo comerciante, hay muchas posibilidades de que pueda perder sus fondos iniciales de negociación. Comenzar con una pequeña cantidad y tener tiempo suficiente para aprender la técnica es una mejor idea.

- Un plan de juego: necesita un análisis técnico para poder evaluar sistemáticamente los gráficos de precios y tomar decisiones rápidas de mercado. Obtendrá esas habilidades al pasar más tiempo practicando y mirando la pantalla. Recuerde, la práctica hace al maestro. Además, aprenda cómo administrar sus fondos adecuadamente. Al hacerlo, puede minimizar las pérdidas que podrían surgir al tomar decisiones incorrectas o maximizar sus ganancias cuando su juicio resulte correcto.

- Intercambio de bitcoins: regístrese con un buen agente cambiario. Vaya a BuyBitcoinWorldWide y busque un agente cambiario que garantice tarifas bajas, liquidez profunda y una interfaz más fácil de usar. Kraken, GDAX, Cex.io y Bitstamp son algunos de los agentes cambiarios que puede encontrar para tener más recursos.

Una vez que cumpla con los requisitos anteriores, busque el momento adecuado y comience a comerciar lo antes posible.

El comercio de arbitraje de Bitcoin

Esta forma de comercio implica menos riesgo que el día de comercio o el comercio especulativo de bitcoin. El comercio de arbitraje de Bitcoin se refiere a la compra y venta simultáneas de bitcoin para obtener ganancias como resultado de las diferencias de precios en varios mercados. En otras palabras, su objetivo principal es explotar las diferencias de precio en varios agentes cambiarios, manteniendo el cambio que obtiene como dinero gratis.

Por ejemplo, supongamos que el precio de bitcoin en el intercambio X es de USD 9000, mientras que el agente cambiario Y ofrece el mismo bitcoin en USD 9150; puede optar por capitalizar esto y explotar la diferencia en los precios y tomar los USD 150 para usted. Por lo tanto, terminará comprando bitcoin en el agente cambiario más barato y vendiéndolo en el más costoso.

Por lo tanto, debe tener cuentas en más de un agente cambiario de bitcoins para realizar operaciones de arbitraje. Esto le permitirá aprovechar los precios bajos y altos y mantener el dinero gratis tanto como sea posible. Además, no olvide tener algunos fondos tanto en su moneda fiduciaria (USD) como en bitcoin. Intente depositar su bitcoin en el agente cambiario que tenga el precio más caro de bitcoin y USD en el agente cambiario que tenga el precio más barato de bitcoin. Luego, intente simplificar las cosas comprando y vendiendo la misma cantidad al mismo tiempo.

Esta forma de comercio tiene algunas dificultades. Para empezar, siempre asegúrese de que las tarifas comerciales no afecten a sus ingresos. Para que pueda obtener algún beneficio, la diferencia en el precio de bitcoin en los dos agentes cambiarios debe ser más que la suma de las comisiones de negociación en ambos agentes cambiarios. Por lo tanto, siga comparando los precios de bitcoin en varios agentes cambiarios y determine el momento adecuado para hacer una jugada inteligente.

Otro desafío con esta forma de comercio es que otros comerciantes y bots pueden cambiar su precio e ir a su frente después de ver su oferta. Puede contrarrestar este problema asegurándose de ir por delante de ellos, simplemente revisando su precio para que el precio nuevo que usted ponga sea un dólar menos que el de ellos. No se preocupe, siempre y cuando venda su bitcoin, aunque sea poco a poco, seguirá obteniendo ganancias. Este proceso puede ser extremadamente rápido, pero a veces puede llevar mucho tiempo. Es entonces cuando debe ser paciente y esperar cualquier oportunidad, ya que nunca se sabe quién puede comprar o vender simultáneamente.

Considere la posibilidad de obtener una ganancia más pequeña más rápido, especialmente si hay liquidez y la diferencia de precio es lo suficientemente grande, en lugar de esperar a que se negocie lentamente y obtenga una ganancia mayor. Esto le permite mantenerse activo y puede acumular más ganancias al final del día.

El comercio de márgenes de bitcoin

El comercio de márgenes es un esfuerzo comercial extremadamente rentable pero arriesgado. Con esta forma de negociación, puede pedir prestado capital (que generalmente se avanza a altas tasas de interés) para aumentar su aventajamiento. Normalmente, este tipo de endeudamiento se basa en la esperanza de que las cosas siempre vayan bien para garantizar enormes beneficios en términos de ganancias. Aunque, a veces, puede hacer un movimiento incorrecto y terminar luchando contra las altas tasas de interés, las llamadas de margen e incluso cerrar la posición con una pérdida total por completo.

La idea detrás del comercio de margen es simple. Puede acercarse a un agente cambiario que ofrece un aventajamiento de 1: 1 y pedir prestado cerca del 100% de sus tenencias. Por ejemplo, si tiene un saldo de 1 bitcoin, se le puede permitir el comercio de 2 bitcoins, lo que aumenta su potencial de ganancias. Incluso puede encontrar otros agentes cambiarios que ofrecen márgenes de 100: 1, 20: 1, 3.3: 1 o 2.5: 1. ¡El comercio de margen de 100: 1 puede verlo crecer un 500% en poco tiempo o ser liquidado en un abrir y cerrar de ojos!

Si está interesado en el comercio de márgenes, puede hacerlo de dos maneras: ingrese una posición larga, donde puede comprar y apostar a que el precio del bitcoin subirá, o ingrese una posición corta, donde apuesta que el precio bajará. Entonces, si está seguro de que el precio de bitcoin está obligado a moverse en una dirección particular, el comercio de margen puede ayudarlo a capitalizar al máximo las predicciones correctas.

Todo lo que necesita es desarrollar un cierto nivel de comprensión en la gestión de riesgos para que pueda aprovechar al máximo sus fondos apalancados. Simplemente comience a comerciar con pequeñas cantidades de dinero en márgenes que no excedan 2: 1. No use todos sus fondos en una sola transacción. Por ejemplo, puede poner $ 1,000 de su capital personal en una cuenta, pero use solo $ 100 de este capital personal para establecer un margen de 2: 1. Esto significa que incluso si su comercio de margen no termina siendo tan exitoso como lo había previsto, todavía le quedarán $ 900 que puede usar en otras formas de comercio de bitcoins.

Sin embargo, su intercambio puede limitar su cuenta de margen con un "requisito de mantenimiento" para frenarle la realización de préstamos excesivos. El requisito de mantenimiento solo estipula la cantidad mínima que debe tener en el patrimonio de su cuenta antes de que se le permita emprender un nuevo préstamo. En general, el comercio de márgenes de bitcoin puede ser una excelente manera de ganar más dinero, siempre y cuando tenga una comprensión completa o incluso básica de la gestión de riesgos.

El comercio binario de Bitcoin

Esta opción le proporciona la forma más dinámica de mejorar su cartera financiera. Puede invertir en bitcoin a través de opciones binarias u optar por intercambiar opciones binarias utilizando bitcoin. Sin embargo, usar bitcoin para intercambiar opciones binarias es la mejor opción. Esto simplemente significa que estará invirtiendo en contratos usando sus bitcoins.

Deberá predecir si el precio de un activo determinado será más alto o más bajo que el precio de ejercicio al final de un período de tiempo determinado. Es decir, si su predicción resulta ser correcta, entonces sus inversiones acumularán algunas ganancias.

Por otro lado, si elige invertir Bitcoins a través de opciones binarias, significa que está utilizando su moneda fiduciaria para comerciar con Bitcoin como un activo negociable. En este caso, su objetivo es obtener ganancias como resultado de los movimientos previstos o imprevistos en el precio del bitcoin.

En general, puede que el comercio binario sea divertido y agradable, especialmente si está loco por las apuestas. Por lo tanto, consiga un agente cambiario o corredor fiable y de calidad que garantice un mayor porcentaje de pago. Su agente cambiario le presentará una serie de opciones de comercio binario, así como diferentes tipos de activos. Puede comenzar con el comercio de varios de estos activos y algunos tipos de opciones, para que pueda aprender cómo funciona el comercio binario. Después de algún tiempo, revise sus registros y descubra el tipo de operaciones que generan más ganancias. De esta manera, puede comenzar a especializarse en algunos de ellos hasta que obtenga 1 ó 2 tipos de activos en 1 ó 2 opciones binarias.

Consejos para el comercio binario exitoso:

Recuerde, algunas estrategias de opciones binarias funcionan bien con ciertos activos y tipos de opciones, particularmente debido a sus características únicas. Aprenderá esto más a medida que practica el comercio binario. Por ahora, trate de prestar mucha atención a los siguientes puntos:

- Desarrolle estrategias y realice una investigación exhaustiva: cree un sistema que lo ayude a seleccionar cuándo llamar o determinar cuánto invertir en cada operación. Desarrolle fe en su sistema; siga invirtiendo en él incluso cuando se sienta nervioso por las posibles pérdidas. Establezca un hábito de estudiar las noticias y las cifras relevantes del mercado antes de comerciar. A medida que se sienta cómodo operando dentro de su sistema, eventualmente sabrá el tipo de información que necesita y dónde puede encontrarla.

- Puede establecer algunas reglas y atenerse a ellas al comerciar: tener reglas personales lo ayudará a evitar cometer errores comunes y comerciar constantemente de manera controlada. Sus reglas pueden tomar la forma de:

  o Evitar tomar una opción solo porque usted quiere que ocurra.

  o Las transacciones se deben colocar al menos 15 segundos antes de las fechas límite.

  o Investigue antes de comerciar.

  o El comercio debe ocurrir cuando no se encuentre distraído y pueda concentrarse.

- Busque una estrategia de administración de fondos: no quiere perder la cantidad total de dinero disponible para negociar.

Por lo tanto, la cantidad que invierte por operación debe garantizar que pueda sobrevivir a una mala racha.

Puede adoptar una estrategia como el sistema "Martingale" para permitirle aumentar sus inversiones cuando se encuentre en una fase de pérdida y que cualquier ganancia le haga recuperar sus pérdidas. Pero asegúrese de tener un "stop loss" para evitar perder todos sus fondos.

Del mismo modo, una estrategia de replanteo de progresión positiva, que es lo opuesto a la martingale y aumenta su apuesta durante una fase ganadora, le ayudará a arriesgar solo una cierta fracción de las ganancias de la racha.

Otra técnica común para administrar sus fondos es siempre retirar el 50% de sus ganancias. La otra mitad se puede dejar en la cuenta de operaciones para aumentar los fondos. Por ejemplo, calcule sus ganancias después de 30 días y retire el 50% de ellas. Puede ajustar esta cifra hacia arriba o hacia abajo, dependiendo de otras demandas de bitcoin.

En general, su estrategia de opción de comercio binario debe ser una función de dos componentes: un método para seleccionar la opción preferida y un método para determinar cuánto invertir por operación. Sea paciente, comience con poco y pruebe algunas opciones diferentes. Siga modificando y mejorando su sistema a medida que crece en experiencia y datos. Recuerde, el comercio binario de bitcoin se asemeja al juego de apuestas; tiene un riesgo mayor que otras formas de comercio de bitcoins.

El comercio de bitcoins se puede realizar de interminables maneras que parecen no agotarse nunca. Muchas opciones de comercio están siendo desarrolladas por varios agentes cambiarios en un intento por hacer que la experiencia sea más segura y fácil de usar. Entonces, siga interactuando con su agente cambiario. Descubra nuevas oportunidades. Y junto a su agente cambiario, intente personalizar lo que ya se ofrece y elabore un plan que se ajuste a sus necesidades.

Sin embargo, si el comercio de bitcoins no está funcionando bien para usted y quiere tomarse un descanso, entonces la minería de bitcoins puede ofrecer el alivio que tanto necesita. La minería es otra inversión lucrativa que puede ayudarlo a tomar el control de su futuro. Por lo tanto, en el siguiente capítulo, aprenderá acerca de los elementos esenciales de la minería de bitcoins y descubrirá cómo maximizar sus oportunidades de obtener ingresos, aunque se salte la molestia de comerciar con bitcoins.

Minería de Bitcoin

La minería de bitcoins se refiere al proceso mediante el cual las transacciones se verifican y se agregan al blockchain, así como a los medios a través de los cuales se crean nuevos bitcoins. La minería de Bitcoin normalmente se compara con la minería habitual de cualquier metal precioso, como el oro.

Al igual que el oro, simplemente hay una cantidad limitada de bitcoins, ya que solo habrá un total de 21 millones de bitcoins y, cuanto más extraiga, más difícil será encontrarlo. La única diferencia con la minería de bitcoins es que las bitcoins no se crean necesariamente a través de la minería. En cambio, los mineros son recompensados con bitcoins por validar transacciones anteriores.

El proceso de minería implica la compilación de transacciones recientes en bloques diferentes y luego intentar encontrar soluciones a un problema matemático de difícil cálculo. Como minero, si es el primero en resolver el rompecabezas, se colocará el siguiente bloque en el blockchain antes de reclamar las recompensas del bitcoin.

Inicialmente, los mineros de bitcoin estaban compuestos principalmente por entusiastas de la criptografía, quienes estaban interesados en el proyecto y usarían el poder de su computadora adicional para validar el blockchain para ser recompensados con bitcoins. Pero debido al valor cada vez mayor de bitcoin, muchas personas se han sentido atraídas por la minería de bitcoin y continúan invirtiendo en un hardware potente para explotar la mayor cantidad posible de bitcoins. Como resultado, la minería de bitcoin ha crecido hasta ser muy competitiva, porque con más y más mineros a bordo, la dificultad de la minería sigue aumentando. Sin embargo, esto no debería asustarle, todavía existe la posibilidad de que pueda ganar dinero mediante la minería de bitcoins.

Cómo minar bitcoins

Tenga en cuenta que la minería de bitcoins no es una buena inversión para todos. Esto se debe a que es cada vez más costoso y obtener una ganancia es casi imposible. Sin embargo, si es un tomador de riesgos, los siguientes pasos pueden ayudarle a comenzar:

- Determine si la minería de bitcoin es una empresa rentable. Vaya a la calculadora de minería de Bitcoin e ingrese los datos de la minera de bitcoin que desea comprar. Esto le permitirá realizar algunos cálculos y aproximar cuánto tiempo le llevará alcanzar el equilibrio e incluso obtener una ganancia. Pero prepárese para gastar unos cientos de dólares para extraer algunos bitcoins.

Además, determine si la minería de bitcoin es legal en su país. Es posible que muchos países no tengan problema, especialmente si paga fielmente los impuestos sobre sus ganancias. Además, en los Estados Unidos, muchas empresas mineras de bitcoins están ubicadas en el condado de Chelan, Washington, para beneficiarse de la electricidad barata. Recuerde, la minería de bitcoin también consume mucha energía.

- Comprar el hardware de minería de bitcoin. Consiga un minero ASIC. El minero ASIC es una computadora especializada que está diseñada para el único propósito de la minería de bitcoin. Su computadora de escritorio o portátil no puede manejar los procesos actuales de minería de bitcoin.

Puede ir a través de varias revisiones de hardware de minería y obtener una máquina que sea mejor para usted. Si posee suficiente capital, puede elegir Antminer S9, que es uno de los mineros más poderosos.

- Únase a un grupo minero y comparta su tasa hash con otros mineros. Un grupo de minería involucra a un grupo de mineros de bitcoins que combinan el poder de cómputo para crear tantos bitcoins como sea posible. No opte por la minería en solitario porque los bitcoins normalmente se otorgan en bloques. La actual recompensa del bloque de bitcoin es 12.5. Tiene que ser extremadamente afortunado para obtener cualquiera de estas monedas. De lo contrario, si se une a un grupo de minería, es más fácil obtener esta recompensa de bloque, y si su contribución a la tasa de hash en el grupo es del 1%, estará encantado de recibir 0.125 bitcoins.

Al unirse a un grupo, recibirá algoritmos más pequeños y fáciles de resolver. Finalmente, el esfuerzo combinado de su grupo garantizará que resuelva el algoritmo más grande y luego gane bitcoins, que se distribuyen en el grupo según su contribución individual. En términos simples, el grupo de minería le ayuda a obtener una cantidad más consistente de bitcoin, por lo que recibe un buen retorno de su inversión.

Considere los siguientes puntos antes de unirse a un grupo minero:

- o El grupo debe ser estable.

- o Averigüe lo fácil que es retirar sus fondos.

- o Las tarifas cobradas por la extracción y retiro de fondos.

- o Averigüe el método de recompensa.

Esta publicación puede ayudarle a tomar una decisión. También puede comparar sus hallazgos con las vistas de la **bitcoin wiki**. Una vez que tome la decisión de unirse a un grupo en particular, regístrese y obtenga un nombre de usuario y contraseña.

- Instalar un programa de minería. Este es un cliente de minería que ejecuta en su computadora para que pueda controlar y monitorear su plataforma de minería. La mayoría de los programas de minería son de código abierto y están disponibles de forma gratuita. Su grupo de minería puede tener su propio software recomendado, así que averigüe qué usan y por qué. Si no, hay muchos programas mineros; solo elija uno que sea compatible con su plataforma e instálelo. Marque aquí si está interesado en comparar diferentes programas de minería.

- Comenzar la minería. Solo conecte su minero a una toma de corriente y enciéndalo. Después, conecte su minero a su computadora, normalmente a través de USB, y abra su programa de minería. Se le solicitará que ingrese su grupo de minería, nombre de usuario y contraseña.

Después de configurar esta información, puede iniciar la minería. Simplemente ejecute el archivo batch que se haya creado y deje que el minero se conecte y comience a minar. Cuando el minero comience a trabajar, descubrirá que el resto de su computadora se reducirá a un rastreo.

Siga controlando la temperatura, ya que el programa de minería puede llevar el hardware a sus límites y provocar un sobrecalentamiento excesivo. Considere utilizar un programa como SpeedFan para asegurarse de que sus temperaturas no excedan sus límites de seguridad.

- Siga revisando su rentabilidad: después de minar por un tiempo, es una buena idea verificar sus cifras y determinar si la minería es una buena inversión o no. Una forma sencilla de evaluar esto es averiguar cuánto ganó en los últimos días. ¿Y cómo se compara eso con lo que gastó en su intento de mantener su equipo funcionando de manera óptima durante ese tiempo?

A veces, es posible que desee invertir en minería de bitcoin sin pasar por la molestia de poseer y mantener el hardware de minería. En tal caso, la minería en la nube puede ser su forma preferida de invertir sus fondos.

Minería de bitcoins en la nube

La minería en la nube de Bitcoin implica el uso de una potencia de procesamiento compartida que se ejecuta desde centros de datos remotos. Con la minería en la nube, puede extraer bitcoins sin administrar el hardware de minería, una opción que le resultará más útil si no tiene esa mentalidad técnica. La minería en la nube se ofrece como un servicio y los retornos son normalmente bajos. Sin embargo, siempre tenga cuidado; la minería en la nube atrae muchas estafas.

Estos son algunos de los beneficios de la minería en la nube:

✓ La minería en la nube reduce las posibilidades de pérdidas como resultado de la avería del equipo minero. No tiene que preocuparse por ser decepcionado por los proveedores de equipos también.

✓ No tendrá problemas de ventilación que surjan del equipo caliente.

✓ Cuando la minería deja de ser rentable, no tendrá equipo que tenga que vender para recuperar su capital.

✓ Tendrá un hogar tranquilo y fresco, porque no tendrá ventiladores constantemente zumbando y no incurrirá en costos adicionales de electricidad.

Por otro lado, la minería en la nube podría no valer el esfuerzo por estas razones:

✓ No hay flexibilidad y no tendrá control sobre el proceso.

✓ Es probable que sea bombardeado con frecuentes advertencias contractuales de que las operaciones mineras pueden terminar debido al precio de bitcoin.

✓ Márgenes de ganancia bajos. Esto se debe a que los costos de operación se deben recuperar como primera prioridad.

✓ Se arriesga a ser víctima de estafa porque las operaciones mineras normalmente son opacas.

✓ ¡Y si es usted un aficionado al que le gusta mucho la construcción de sistemas, la minería en la nube será demasiado aburrida para usted!

Cómo funciona la minería en la nube

En este caso, hay una empresa que posee y ejecuta diversos hardwares de minería de bitcoin ubicados en diferentes áreas donde el costo de la energía es bajo. Luego, esta compañía ofrece parte de su poder de procesamiento en alquiler a diferentes personas por una tarifa. Sus ganancias dependen de la cantidad de poder hash que alquile.

Las siguientes son algunas de las compañías que ofrecen minería en la nube de bitcoin:

- **Minergate**: con Minergate, puede retirar tan solo 0,01 bitcoins mientras mina monedas con el tipo de cambio más alto.

- **Genesis mining**: este es el proveedor de minería en la nube más grande y más transparente. Genesis sigue invirtiendo en el mejor hardware disponible para continuar ofreciendo mejores servicios a los inversores.

- **Eobot**: si está buscando las soluciones de minería en la nube más fáciles y baratas, Eobot puede ayudarlo a comenzar. Se le permitirá intercambiar entre cualquier criptomoneda, así como realizar una minería gratuita y puede hacerlo.

- **HASHING 24 (Bitfury)**: Su objetivo es lograr que todos participen en la minería de bitcoin. Puede acceder a la última tecnología mientras realiza la minería a gran escala de bitcoin.

Una vez que haya considerado las dificultades antes mencionadas y aún confíe en que puede ganar algo de dinero invirtiendo en la minería en la nube, simplemente comience por comprar acciones en línea y unirse a un grupo de minería en la nube. Simplemente seleccione su plan preferido, realice los pagos necesarios y comience la extracción.

Siempre realice verificaciones de antecedentes antes de invertir. Puede intentar hablar con antiguos clientes o llevar a cabo sus investigaciones en los canales de las redes sociales para establecer la autenticidad de los operadores con los que se encuentra. Se trata de realizar la diligencia debida de la misma manera que lo hace para cualquier otra inversión.

Pero no olvide que el riesgo de fraude y mala gestión es demasiado común en este tipo de manejo. Por lo tanto, solo invierta en la minería en la nube si se siente cómodo con tales riesgos y no invierta más de lo que está dispuesto a perder.

Puede ganar algunos bitcoins de la minería, pero recuerde que es más rentable comprar que minar bitcoins. Si cree que la minería es genial y desea experimentar con ella, entonces la minería en la nube no es la mejor opción. En cambio, comprar un **minero USB barato** y usarlo en casa resultará más rentable a largo plazo.

Consejos para invertir en Bitcoin

La alta volatilidad de Bitcoin en el rango de precios, junto con su facilidad de compra, la convierte en la opción de inversión más buscada en todo el mundo. Muchos clientes siguen siendo atraídos por ella, con el objetivo de beneficiarse de una manera u otra. Sin embargo, esto no ocurre sin una parte considerable de los riesgos. Por lo tanto, los siguientes consejos tienen la intención de ayudarlo a comerciar de manera segura y evitar cometer errores:

- Entender el mercado antes de comerciar. Este es un proceso continuo que requiere mucho tiempo, concentración y esfuerzo. Es importante realizar una investigación de mercado exhaustiva y estar al día con las tendencias actuales del mercado. Parte de su investigación puede involucrar la consulta de expertos financieros o de inversión y el establecimiento de un plan viable. Haga todas las preguntas que pueda y solo haga su movida cuando esté seguro de que es la correcta.

A veces, su agente cambiario puede estar ejecutando promociones y emitiendo cupones; siempre aproveche estos incentivos.

- A veces, el precio de bitcoin puede variar de un país o región a otro/a. Si tiene un alto nivel de tolerancia al riesgo, puede ganar algo de dinero simplemente comprando Bitcoin barato en un país y vendiéndolo de manera costosa en otro. Sin embargo, esta forma de comercio puede ser bastante arriesgada si se la juzga mal; usted puede perder dinero debido a cambios repentinos en el mercado.

Aprovechar al máximo la tecnología disponible también le ayudará a obtener los máximos beneficios.

- Tener un objetivo antes de entrar en cualquier oficio. Una negociación solo debe iniciarse cuando tenga una razón concreta para hacerlo y haya diseñado una estrategia clara que lo ayude a tener éxito. Esto le ayudará a determinar cuándo cobrar. Se mantendrá concentrado, sin emociones y más profesional. Incluso si su objetivo es comerciar a diario, puede notar que tiene más sentido no ganar y no hacer nada más que simplemente apresurarse y perder sus monedas de igual forma.

El mantenerse a un nivel profesional le ayudará a comerciar sin presión. Le asegura que comience a operar solo cuando tenga las condiciones óptimas y esté seguro de cuándo y cómo salir de ella. Recuerde, comerciar bajo presión equivale a causar grandes pérdidas; evítelo por completo. La próxima oportunidad vendrá y le dará frutos.

- Siempre diversifique su inversión. Poner sus "huevos en una sola canasta" es un enfoque muy arriesgado. Divida su capital en lotes más pequeños y entre en varias posiciones de diferentes niveles de precios.

- Evite invertir sus ahorros de vida o dinero que pueda afectar su vida en caso de pérdida. Recuerde, el mercado del bitcoin todavía está lleno de mucha incertidumbre.

- Gestión de riesgos: no es aconsejable buscar el pico del movimiento. Siempre busque pequeñas ganancias que potencialmente se acumulen en una grande. Sepa cómo administrar bien el riesgo, especialmente en una cartera de inversiones más amplia. Por ejemplo, un mercado no líquido (que normalmente es muy riesgoso) no merece una inversión de más de un pequeño porcentaje de su cartera.

- No tenga miedo de hacer transacciones de prueba. Normalmente, las monedas digitales son menos estables en comparación con las monedas convencionales. Por lo tanto, antes de enviar una transacción, averigüe si la otra parte tiene un monedero seguro. Puede comenzar enviando una pequeña cantidad de unidades y solicitando que le sean devueltas. Si el proceso se desarrolla sin problemas, puede estar seguro de que la próxima transacción se completará de manera similar.

- Elija siempre su agente cambiario o corredor con cuidado. Obtenga un agente cambiario que sea fiable y lo suficientemente flexible como para que no tenga inconvenientes de ninguna manera. Si opta por una plataforma que se especializa en bitcoins, será mucho mejor.

- Evite vender su bitcoin demasiado pronto. Después de invertir, tómese un tiempo, supervise sus bitcoins y comience a tomar medidas que le permitan obtener grandes ganancias. Sin embargo, no lo retenga por mucho tiempo. Puede perder la oportunidad obtener más ganancias.

Además, considere vender solo pequeñas cantidades cuando necesite el dinero, mientras retiene el resto en la red.

- Puede estar interesado en mantener su anonimato; esto no debería preocuparle tanto. Aún puede comprar bitcoins por correo a través de un servicio como BitBrothers LLC. Aunque deberá pagar una tarifa, este servicio le permitirá adquirir bitcoins sin necesariamente iniciar sesión en línea.

- Como comerciante, siempre tenga en cuenta que, tanto perder como ganar, es parte del juego. A largo plazo, las ganancias acumuladas le harán sentir más orgulloso de lo que puede pensar. ¡Feliz comercio de bitcoins!

El futuro del Bitcoin

La naturaleza descentralizada del Bitcoin hace que los inversores lo clasifiquen como una criptomoneda fundamentalmente fuerte. Esta descripción significa que el Bitcoin tiene un alcance de crecimiento más largo y más amplio. Esto quizás explica por qué el precio del bitcoin sigue aumentando constantemente mientras ofrece buenos beneficios a los inversores.

La naturaleza descentralizada ha sido catalítica y fundamental para revolucionar el comercio al permitir que las transacciones se realicen a través de las fronteras internacionales con mucha facilidad. Por ejemplo, bitcoin le permite enviar transacciones por una fracción del costo de la mayoría de las plataformas de pago convencionales y poseer un monedero de bitcoin no tiene por qué costarle nada en términos de registro y mantenimiento de la cuenta.

Es bastante evidente que el bitcoin tiene muchas ventajas. Por esta razón, es probable que siga siendo relevante durante bastante tiempo. A continuación, se presentan algunos de los indicadores de que el futuro de bitcoin es brillante:

- La aceptación continua del bitcoin en varias plataformas comerciales: un número cada vez mayor de grandes corporaciones ha comenzado a ofrecer bitcoin como un método de pago alternativo. Esto significa que aquellas compañías que todavía están esperando en la sombra eventualmente también lo harán; un disparador de reacción en cadena que probablemente haga que el Bitcoin sobreviva por más tiempo e incluso se convierta en una moneda universal.

Varias universidades en los Estados Unidos también han comenzado a aceptar Bitcoin como medio de pago, una medida que probablemente sea fundamental para que el Bitcoin se convierta en una moneda alternativa.

- La capitalización del mercado del Bitcoin (actualmente tiene una capitalización de mercado de más de $ 160 mil millones) es de alguna manera un indicador de que esta criptomoneda se ha vuelto demasiado grande como para colapsar. A pesar de que se argumenta ampliamente que el Bitcoin se encuentra actualmente en una burbuja especulativa, no está claro determinar cuándo colapsará la burbuja. E incluso si ocurriera el colapso, la mayoría de los usuarios aún confían en que el Bitcoin probablemente sobrevivirá por medio de sí mismo.

- Pronto, es probable que veamos la habilitación de los pagos instantáneos con bitcoins para freelancers, sitios web, entusiastas de las redes sociales, etc. Como tal, comenzará a aceptar cualquier cantidad de bitcoins e, inmediatamente, los podrá convertir a USD o Euros y los aprovechará en su tarjeta de débito, simplemente insertando algunos códigos simples en su sitio web para aceptar el pago.

- Bitcoin también se adoptará en gran parte del mundo desarrollado, donde no hay sistemas de pago que permitan el pago instantáneo de persona a persona. Sin embargo, los reguladores en estos países pueden representar la mayor barrera para el crecimiento de esta criptomoneda. Establecer intercambios locales de bitcoins para atender la enorme demanda también puede ser una tarea cuesta arriba debido a las reacciones mixtas que rodean la aceptación de bitcoins.

Bitcoin como protocolo sigue evolucionando. Recuerde, bitcoin es un protocolo primero y la parte de la moneda pasa a ser la primera aplicación que se escribió sobre él. Esto significa que se están desarrollando más y más aplicaciones basadas en el protocolo de bitcoin, y pueden redefinir completamente la forma en que se realizan las transacciones en línea en el futuro. Por ejemplo, la moneda de bitcoin pronto puede ser destronada y **Litecoin** o **Dogecoin** pueden prevalecer, creando así inmensas oportunidades para los inversores. Solo mantenga los ojos abiertos y explore esas oportunidades.

De hecho, todavía abundan muchas preguntas sobre si se podría considerar que Bitcoin es una versión del oro del siglo XXI o es solo una moda popular de corta duración que probablemente evolucione hacia algo muy diferente en un futuro cercano. Lo que queda claro es el hecho de que Bitcoin continúa siendo un gran atractivo para muchos, en particular de una sección de personas con conocimientos de tecnología, que sin duda será un gran refuerzo en el rendimiento de su mercado, a pesar de su volatilidad.

Conclusión

Bitcoin es una tecnología emergente que puede revolucionar las transacciones en línea. Al invertir en bitcoin, puede mantener sus acciones razonablemente privadas de los depredadores en línea mientras mantiene el control total de sus transacciones. Por lo tanto, ¡ahora es el momento de invertir! Sumérjase y benefíciese de la volatilidad de los precios del bitcoin. Y mientras lo hace, tenga en cuenta que los bitcoins y otras criptomonedas son altamente volátiles y no están reguladas. Podría perder toda su inversión. Por lo tanto, ¡solo invierta lo que pueda permitirse perder!

Si encuentra que este libro le ha sido de ayuda, ¿podría recomendarlo a otros? Una forma de hacerlo es publicar una reseña en Amazon.

Ver más libros de Herbert Jones